Faire famille

De la même autrice

Le Visage de nos colères
Flammarion, 2022

Sophie Galabru

Faire famille

Une philosophie des liens

ALLARY ÉDITIONS
5, RUE D'HAUTEVILLE, PARIS X^e

À mes parents

INTRODUCTION

L'idée de famille est devenue, à mes yeux, profondément équivoque. Dès l'enfance, je m'étais mis en tête de l'honorer autrement mieux que ne l'avaient fait mes parents et mes grands-parents. J'énonçais, pour moi-même, des formules d'exhortation contre le péril de la séparation et de l'absence, mais aussi contre les dangers de l'autoritarisme et de l'exploitation menant à exiger des enfants l'amour, voire la dévotion. Je me répétais que « je saurais créer un lieu libre et épanouissant pour mes enfants ». Cette phrase, et bien d'autres, formaient les grimoires que je me récitais pour m'encourager à faire, et à faire mieux. Avant de refléter mes désirs, ces incantations révélaient surtout ma déception à l'égard de ma famille éclatée par des divorces et des conflits, des désillusions et des crises, comme elles m'aidaient à combattre ce chagrin.

Si les réunions de famille peuvent susciter l'excitation de revoir les « perdus de vue », elles peuvent aussi nous faire tomber en disgrâce. Combien de fois ai-je espéré en revoyant des oncles et des tantes, des cousins et des cousines, que la fête soit plus belle. Pourquoi ? Parce que nous avions des ancêtres communs, une histoire collective, des intérêts à partager et peut-être un amour inné les uns pour les autres. Mais bien souvent je n'observais que l'indisponibilité de mes parents accaparés par leur divorce et leurs blessures, la rigidité de mes grands-parents maternels, l'extrême éclatement de ma famille paternelle. Je ressentais l'absence profonde de curiosité et de bienveillance pour les vies personnelles et les sensibilités de chacun.

Alors que j'avais besoin d'une écoute sincère et de questions libérées de tout jugement, les repas de famille me blessaient : la puissance des convenances sociales, la fréquente prédominance des avis des hommes sur celui des femmes, la répétition des idées toutes faites sur les rôles que nous avions à jouer prenaient trop de place. Néanmoins, la famille fut aussi un lieu de complicités cruciales et de compréhensions souterraines. Mes parents, cherchant eux-mêmes à s'émanciper du poids des non-dits, furent pour moi un modèle précieux. Ce sont aussi mes relations joyeuses et franches avec mon frère et ma sœur, comme avec mon grand-père paternel, qui m'aidèrent à me construire. Leurs regards aimants et sincères, leur liberté d'être, survolant les partitions sociales et les injonctions, ont contribué à sauvegarder chez moi une forme d'espoir et d'estime pour l'idée de famille.

Depuis l'enfance, mon idéal de vie familiale a été façonné par des histoires, des films, comme par les paroles des adultes. Ceux que j'observais autour de moi avaient trahi cette promesse de bonheur familial, sans doute parce qu'ils avaient eux-mêmes été déçus. Face aux épreuves de la vie de famille, puis à celles de la vie de couple, j'ai fini par percevoir l'idée de « faire famille » comme un danger pour ma liberté et mon bonheur. Résonnait en moi une phrase que prononce Jean-Pierre Léaud dans *La Maman et la Putain,* ce film de Jean Eustache sorti en 1973 : « Les familles perdent toujours ! » L'analyse critique de mes liens familiaux et de ceux des autres me laissait penser qu'Eustache avait osé dire ce que personne n'avait eu l'audace de déclarer. Mes impressions sont peut-être injustes, comme le sont parfois les convictions animées par la blessure mais aussi par l'orgueil, par la peur ou bien par le fantasme. Nos renoncements sont souvent l'envers d'espoirs abîmés. S'il est vrai que l'idée de famille avoisine les territoires de l'échec comme de la méprise, c'est sans doute parce que nous exigeons d'elle des vertus qu'elle ne peut pas pleinement incarner. L'échec n'est peut-être pas celui que l'on croit.

Pour qu'une famille perdure, elle doit offrir à ses membres de la liberté comme du lien, de la différence et de la ressemblance. Cela suppose d'admettre que l'amour n'affleure qu'en laissant les êtres se séparer les uns des autres. En un sens, elle ne triomphe qu'en échouant : une famille admirable est peut-être celle qui accepte de manquer l'idéal de cohésion afin que ses membres soient véritablement accueillis, reconnus et aimés. Le groupe qui exige des siens de ne faire qu'*un* regardera tout désaccord ou toute dissemblance comme une insupportable trahison. La devise «un pour tous et tous pour un» impose, comme un prérequis et un horizon ultime, la cohésion et la solidarité en évacuant l'individualité. Nous avons ici affaire à une difficile articulation de l'un et du multiple. Or l'union imposée ne peut subsister qu'en apparence : l'alliance ne peut être que le projet souhaité par chacun et non celui d'un seul régnant sur son groupe.

Encore faut-il pouvoir réaliser ce désir de proximité et d'accueil. Si nous ne parvenons pas à développer des liens affectifs, faute de rencontres régulières, alors l'idée de famille perd tout son sens. Pire encore : si les rencontres sont régulières mais déçoivent, par incompréhension, désintérêt, jugement dépréciatif (agression) ou implicite (hypocrisie), alors nous n'arrivons plus à nous sentir reliés à notre famille. Comme nous le montre si bien le film *American Beauty* (1999) réalisé par Sam Mendes, une famille partageant un même toit n'est pas spontanément vouée à générer des moments joyeux, des liens d'amour ou de respect entre ses membres. Figés pendant trop longtemps dans des rôles qu'ils ne parviennent plus à tenir, par fatigue et manque de désir, le couple formé par Carolyn et Lester finit par se déchirer. Ce dernier ne veut plus demeurer un époux effacé et soumis à sa famille. Il lui semble que sa personne, son vécu et ses rêves ont été taris par l'indifférence de son épouse et de ses enfants, comme par la nécessité de travailler et d'adopter certaines postures sociales. Son attirance pour Angela, une amie de sa fille, agite sa révolte contre une vie de famille qui éteint son désir de vivre plus qu'elle ne le nourrit, en même temps qu'elle le porte vers l'illusoire impression de régénérer sa jeunesse. Incapable de communication, la famille Burnham finit par se déliter tragiquement.

La révolte, la violence, l'émancipation, sinon la prise de distance, sont des phénomènes qui attestent des revendications individuelles (s'éloigner des siens pour se concentrer sur soi), mais aussi et surtout collectives (être vraiment un groupe solidaire et chaleureux). Elles éclatent souvent lors des réunions de famille durant lesquelles les jugements et les injonctions explicites, sinon les arrière-pensées, voire les secrets douloureux suintent. Ces moments peuvent raviver les frustrations et les carences affectives, réveiller les rancœurs, comme révéler à nos propres yeux, longtemps aveuglés par le rêve d'harmonie, le cruel espoir de choses qui ne viendront jamais. Elles laissent en nos cœurs d'enfants des impressions cruciales : la famille n'est pas toujours un refuge ni même, osons le mot, un foyer.

Contrairement à l'étymologie de ce mot de « foyer », la famille n'est pas toujours un lieu où brûle la *flamme* qui rend nos vies plus claires, nos existences plus chaleureuses et consolées. À cet égard, le mouvement MeToo, en atteignant le cercle clos des familles, a aussi rappelé combien certains clans ne protègent pas leurs enfants des violences sexuelles qu'ils subissent. Face à l'afflux quotidien de témoignages et de dénonciations, nous ne pouvons plus détourner le regard et croire encore que la violence s'arrête au seuil des foyers. La famille bénéficie d'une présomption de douceur, voire d'une immunité qui rend son analyse et sa critique toujours délicates. Le déni de la réalité n'a jamais préservé cette réalité.

Or je crois que nous subissons tous, un jour ou l'autre, une crise de notre vie familiale. L'impératif d'unité explose tôt ou tard, puisque les individus – négligés ou non – finissent par clamer leur droit à exister pour eux-mêmes. Ce n'est évidemment pas la seule raison des implosions. La famille représente un modèle des liens d'amour et de désamour, de sécurité et de violence potentielle, un lieu de contraintes et de liberté ; un ensemble qui ne cesse de se reconfigurer à proportion de nos évolutions sur ces sujets existentiels. Outre cette crise individuelle, certains intellectuels[1] observent une crise publique de la notion traditionnelle de famille, récemment déclenchée par la hausse du nombre de séparations et de divorces, de familles monoparentales comme de recompositions familiales, mais aussi par les nouvelles possibilités de contractualisation accordées aux couples homosexuels. La peur d'une fragilisation de l'institution familiale s'est crispée sur ces derniers, notamment au moment du projet de loi sur le Mariage pour tous, en 2013, en France.

Malgré les métamorphoses de la vie familiale et l'évolution du droit, la famille n'a pourtant pas disparu en Occident. Si elle adopte des contours nouveaux, elle continue de régir les comportements individuels et collectifs en transmettant des règles de parenté (avec qui s'unir et s'accoupler) et de filiation (de qui peut-on être le parent ou l'enfant). En ce sens, elle demeure une institution : un ensemble de normes sociales, qui a pour fonction d'encadrer les comportements, de définir le possible en matière de liens. Si les modes de vie familiaux se réinventent au fil du temps par l'extension du mariage à tous les couples, comme par l'acceptation de l'union libre, sinon par la possibilité de la séparation, si la parenté se trouve diversifiée par la voie de l'adoption ou de la procréation médicalement assistée, il me semble que la famille est davantage bouleversée par une tendance plus profonde et plus nouvelle, bien remarquée par le sociologue François de Singly : l'exigence d'affection[2]. Nous ne nous reconnaissons appartenir à un groupe familial que si nous pouvons nous en sentir proches.

Pendant longtemps et jusqu'à il y a peu, la famille se devait de perpétuer un groupe, de transmettre un nom et des valeurs, de léguer des biens et des traditions. Quels que soient le système de filiation adopté – matrilinéaire (transmission des titres, des biens ou encore du nom de famille par la mère), patrilinéaire (par le père) – et les individus concernés (fils aîné, tous les fils, tous les enfants), la transmission est une notion clé pour comprendre la fonction de la famille à travers le monde et les âges. Or nous attendons de moins en moins de la famille qu'elle perpétue une lignée, un nom, mais de plus en plus qu'elle assure le développement, l'épanouissement et l'autonomie de chacun.

La plus grande évolution se joue certainement dans la rupture avec cette philosophie familiale fondée sur l'héritage puisque, aujourd'hui, nous attendons le respect de l'égalité des hommes et des femmes, comme les droits de l'enfant. Nous espérons de notre foyer qu'il soit un lieu favorable à notre bien-être et au déploiement de notre singularité ; nous exigeons de notre famille qu'elle protège, accueille et aime. L'apparition des nouvelles formes familiales tient sans doute à cette première révolution : le désir d'être accueilli dans sa différence et sa singularité.

S'impose alors une distinction, bien connue, entre les parents « proches », ceux que l'on aime et considère, et les parents éloignés, que l'on ne considère pas comme des intimes et qui ne sont de notre famille que par le lien du sang ou le nom. La vraie question serait de savoir ce que ces parents-là, les lointains, sont vraiment. Sont-ils encore de notre famille ? Les parents qui maltraitent et abîment sont-ils vraiment des parents ? Qu'est-ce qui prime dans la définition de la famille : l'objectivité (génétique et juridique) ou bien notre sentiment de proximité ? Nous avons bien du mal à assumer l'une ou l'autre de ces propositions.

J'ai beau ne pas aimer tel oncle ou tel cousin, je me sens contrainte d'admettre qu'ils appartiennent à ma famille par la force objective du lien sanguin et juridique. D'un autre côté, je ne peux m'empêcher de dire que ces personnes auxquelles je suis reliée objectivement ne sont pas mes « proches », car nous ne communions pas dans une authenticité affective. Tout se passe comme si nous avions besoin de tenir ces deux déclarations, ensemble, l'une contre l'autre. Nous faisons jouer le sentiment contre l'institution pour affirmer la force de l'exigence affective et de notre déception à son endroit.

L'écart se creuse entre famille vécue et famille rêvée, entre l'intime et l'apparent, entre un foyer et une lignée. Le contraste entre l'idée de famille et sa réalité est une violence, peut-être la plus inouïe parmi nos épreuves et nos traumatismes – comme lorsque règne l'inceste, la brutalité, l'abandon ou la manipulation. Ces éprouvantes expériences se trouvent redoublées par la perversion qu'elles représentent : ce groupe censé nous protéger du monde se détourne de sa fonction et devient plus agressif que le monde lui-même.

Cependant, le problème que je viens de poser peut tout à fait se comprendre autrement : peut-être que la famille ne peut jamais totalement accueillir les aspirations individuelles ? Peut-être que s'émanciper impose, provisoirement ou définitivement, de devenir antifamilialiste ?

*

Qu'on le veuille ou non, nous appartenons à une famille (génitrice et d'accueil). J'aimerais revenir sur les diverses formes d'appartenance, car elles sont diverses dans l'espace, dans l'histoire, mais aussi dans notre temps propre. De ce point de vue, j'aime beaucoup l'expression sociologique en vogue de « faire famille[3] », car elle met l'accent sur cette vérité selon laquelle la famille n'est pas un mouvement naturel et spontané de réunion, mais une fabrication et même un exercice de composition exigeant, qui implique de jongler avec des injonctions contradictoires.

Cette formule impose de nous confronter à des questions cruciales pour nos vies : fait-on famille pour perpétuer une lignée et se conformer à un rôle social, ou peut-on faire famille pour réellement parvenir à la création d'un foyer chaleureux et utile aux enfants ? À travers cette question, j'aimerais aussi exposer le privilège de la parentalité biologique, et l'obsession que nous avons parfois concernant la procréation et la ressemblance. Nous aimons croire que le lien de sang garantit la parenté et cette parenté l'amour. Nous nous focalisons sur les débuts, alors que vivre ensemble dans la durée est un véritable défi. Que devient notre famille lorsqu'elle se trouve dissoute par la séparation, le vieillissement et la mort ? Que reste-t-il entre parents et enfants une fois les obligations de sécurité et d'éducation achevées ? Qu'est-ce qui nous relie vraiment hormis un nom, des habitudes et des souvenirs de vacances ?

La famille se veut apolitique et éloignée de la vie mondaine, mais elle reproduit cette vie sociale et politique quand elle prend la forme d'un cadre hiérarchisé et autoritaire. Elle peut alors devenir étouffante et perpétuer des injustices, des inégalités et même des violences. Cet état des lieux peut nous faire saisir combien la famille n'est parfois qu'une cellule politique au sein de laquelle commence déjà une lutte pour la liberté et l'amour de soi. La vie de famille nous incite immanquablement, bon gré, mal gré, à dessiner nos limites et à façonner notre propre existence à l'entrée dans l'âge adulte : se séparer et s'appartenir, c'est peut-être ce à quoi pousse la famille sans l'avoir voulu. Est-on nécessairement lié aux siens par amour ou l'est-on par la dépendance économique, par le sentiment de dette symbolique, ou encore par contrainte sociale ? En effet, ne faut-il pas parfois distendre les liens familiaux et se dégager des rôles préconçus pour parvenir à exister pour soi-même et retrouver sa famille dans une vérité relationnelle, à travers des liens vraiment affectueux, sincères et plus intéressants pour nos vies ?

J'ai eu l'intuition très tôt dans mon existence qu'il me fallait me distinguer et me séparer de mon clan pour exister pour moi-même. J'ai tout fait pour ne pas suivre la voie théâtrale empruntée par mon grand-père et ma famille paternelle. J'ai choisi la voie de l'université et de la philosophie. Mais j'ai aussi pris conscience, plus tardivement, des transmissions réelles et parfois inconscientes qui m'avaient nourrie. Et il n'est pas si certain que mes choix n'aient aucun rapport avec ceux de ma famille, et notamment de sa branche paternelle.

J'aimerais revenir sur ce désir de léguer. Là encore, un malentendu semble régner : on croit parfaitement savoir qui transmet, et à qui. Ce mot d'héritage n'est parfois que l'objet d'un chantage à l'obéissance de la part de nos parents, ou encore une œuvre d'accumulation insensée, sinon un gaspillage désolant. Hériter paraît une chance mais peut aussi être un malheur : par la dette ou par le conflit, nous sentons tout ce que nous aurions désiré recevoir vraiment (amour, délicatesse, respect) sans le trouver dans notre famille. Une étrange compatibilité s'édifie en certains moments de notre vie : nous osons tardivement établir nos dettes et nos créances existentielles, morales et affectives auprès des disparus – désormais impuissants à nous répondre.

J'aimerais vous parler de cette fêlure étrange, celle d'un espoir suspendu – parfois le temps d'une vie – que nous lègue la vie familiale en dépit de ses mille et un visages. Nous portons une attente infinie, celle d'être un jour accueillis par ceux qui nous ont fait venir au monde, au nom de l'amour ou du bonheur, du hasard ou de la responsabilité. Nous faisons très rarement le deuil de ce désir, y compris dans le traumatisme et la douleur, le regret et la colère. Il me faut comprendre si cette exigence est le fruit d'une mystification ou d'une légitime espérance, il me faut le découvrir pour définir ce que famille veut dire par-delà l'attente et la désillusion.

Chapitre 1

Fonder

«La famille sera toujours la base des sociétés.»

H. de Balzac, *Le Curé du village*

Parler de «famille», c'est désigner l'appartenance à un même groupe : ma famille, c'est moi. Inclusion qui générerait un sentiment de liaison et des ressemblances renforçant cet ensemble. Cette définition est assez vague. Elle semble dire que, dès lors que nous nous sentons proches d'autres êtres, voire que nous repérons des ressemblances, physiques ou mentales, ou que nous éprouvons un sentiment d'appartenance, nous formons un groupe familial. Mais alors, est-ce que celles et ceux avec qui je choisis de vivre (mes amis), de travailler (ma corporation professionnelle), tous ces groupes reliés par un sentiment d'appartenance et un bien commun peuvent constituer une famille ? Oui. Après Françoise Sagan, j'ai toujours pensé qu'«en plus de ceux qui partagent votre sang et votre enfance, il y a aussi les familles du hasard[4]».

Je dois l'admettre, utiliser un concept ou un mot pour parler de choses qui lui ressemblent mais ne lui appartiennent pas strictement est une démarche peu rigoureuse. Mais c'est une pratique constante, n'est-ce pas ? C'est même une attitude analysée par un philosophe nommé Ludwig Wittgenstein[5]. Selon lui, il faudrait remplacer l'usage des concepts par celui des «airs de famille». Nous pourrions nous libérer de cette maladie philosophique qui consiste à rechercher des concepts stricts et déterminés pour aborder les choses qui ne sont pas si strictement séparées. Un air de famille, c'est un trait commun qui se manifeste parmi les divers membres d'un groupe.

Cette remarque de Wittgenstein peut s'appliquer à la notion de famille, car cette dernière n'est pas un terme si simple et si bien délimité. Il existe une pluralité de types familiaux dans l'histoire et l'espace, qui ont à la fois quelque chose de commun et de différent. Ce qui semble plus intéressant à mes yeux, c'est de trouver le noyau commun à ces manifestations diverses : qu'est-ce qui fait l'essence de toute famille ? C'est aussi ce qui nous passionne quand nous traquons les airs de famille : qu'est-ce qui, physiquement mais aussi spirituellement, révèle qu'il y a famille ? Il y va de l'intrication du Même et de l'Autre, car, en dépit des combinaisons singulières, il ressort entre mon frère, ma sœur et moi des traits communs, ceux d'une même union, et de bien d'autres unions passées.

Mais qu'est-ce que «fonder» une famille ? Est-ce perpétuer une lignée ou bien plutôt se réunir sous un même toit pour vivre ensemble, se protéger, se témoigner de l'affection ? Malgré la révolution du Mariage pour tous et des technologies nouvelles de la procréation, la famille a toujours été un objet de fabrication ou un exercice de composition. Certes, la famille nucléaire et biologique demeure le modèle favori de nos sociétés occidentales. Mais le choix d'un archétype ne doit pas conforter des croyances erronées comme celle selon laquelle la ressemblance suppose le sang et la consanguinité assure l'amour. La difficulté d'habiter ensemble et de perdurer dans le temps, au gré des naissances et des morts, des séparations et des départs, démontre à toute famille un enjeu crucial et commun : à partir d'un certain moment, disons celui de l'âge de la majorité, la famille devient un groupe que l'on décide ou non d'adopter.

Faire foyer ou faire lignée ?

Pour trouver l'essence du mot famille, il me semble plus facile de partir de la diversité des formes familiales. N'est-il pas plus commode de trouver ce qui semble demeurer malgré tous les changements possibles et imaginables ? C'est une méthode proposée par le philosophe allemand Edmond Husserl : faire varier les choses pour mieux voir ce qui ne change pas et ainsi toucher l'essentiel[6]. Allons à la rencontre de cette diversité des formes familiales, de sang ou de droit. Que nous évoquions les familles choisies ou les familles subies, allons voir ce qu'il nous reste du mot famille quand cette dernière ne cesse d'évoluer, au gré des pratiques, de l'évolution du droit et de nos affinités électives.

On nous dit que la famille n'a jamais été si métamorphosée depuis qu'elle a accepté de nouvelles formes d'union civile et de filiation. En réalité, elle n'a jamais cessé d'évoluer ; elle peut constamment conquérir ou abandonner des formes variées d'union et de filiation. Elle n'est pas une donnée naturelle, et il suffit de regarder du côté des célibats choisis pour constater que l'être humain ne se destine pas spontanément à faire famille. Lorsque je regarde ma propre famille, j'y trouve bien des formes d'association : des familles mariées, des familles divorcées, des familles monoparentales, mais également recomposées, j'y trouve encore une cousine issue de germain pourvue de deux pères – l'un par l'affiliation biologique et l'autre par l'adoption. Cet état des lieux, nous mène à reconnaître que la famille n'est pas une forme simple et naturelle d'union. Il existe autant de manières de faire famille qu'il existe de traditions, d'époques, de milieux sociaux. Les évènements politiques et historiques, les épreuves de la vie tendent à orienter nos comportements affectifs et relationnels : en cela, la famille est bien un fait social et non naturel.

En France, peu après la Seconde Guerre mondiale, la famille nucléaire (père-mère-enfants) est un modèle encore bien installé. Mais, au milieu des années 1960, on relève une hausse des divorces et une baisse de la fécondité qui signalent un infléchissement de ce schéma. Si, en 1964, une femme a trois enfants en moyenne, en 1976 elle en a plutôt deux, voire un. Les remariages des divorcés augmentent pour finalement diminuer à partir de 1978, signal d'une baisse réelle de l'institution du mariage hétérosexuel. L'augmentation des naissances hors mariage est également un marqueur de cette désertion de l'institution. Pour certains sociologues comme Didier Le Gall et Claude Martin, la «fin de la famille» déclarée au terme des années 1970 n'est en réalité qu'une mutation du regroupement familial : la famille ne se perd pas, mais nous faisons famille de bien d'autres manières[7].

De nombreux motifs pourraient expliquer la métamorphose de la famille nucléaire : la revendication féministe d'attribuer d'autres rôles que celui de mère au foyer aux femmes, l'essor individualiste considérant le mariage comme une limitation de sa liberté ou encore le désintérêt culturel pour une «éthique de l'amour» comme l'écrit bell hooks[8]. L'image aussi du père se transforme. Comme le rappellent les sociologues Nicole Lapierre, Martine Segalen et Claudine Attias-Donfut, «il fallait aussi que naisse un nouveau père au XVIIIe siècle pour que le sentiment affectif devienne une norme familiale acceptée et revendiquée[9]». Un trait me marque plus qu'un autre, c'est l'autonomisation de l'individu et l'intensification des attentes relationnelles. La famille devient un sujet paradoxal : elle est à la fois un lieu-refuge dont on exige des relations affectives, mais aussi un lieu-cadre duquel nous cherchons à nous séparer pour devenir indépendants.

*

Quels que soient les changements, appartenir à une famille, c'est bien souvent, aux yeux des autres et d'une société, occuper une place précise dans un groupe : être un aîné ou un benjamin, un parent ou un enfant, les deux à la fois, etc. La façon de transmettre est également plurielle. Parfois, filiation coïncide avec transmission des biens : en France et jusqu'à la Révolution, un père ne peut transmettre ses biens et son patrimoine qu'à l'aîné mâle d'une fratrie. Au XVIe et au XVIIe siècle, la famille est davantage un clan solide qui s'étend avec cohérence dans le temps (générations), dans un réseau (par ramifications) et dans l'espace (village ou ville dans laquelle elle s'insère).

Ce que l'on peut tout de suite remarquer, c'est une grande césure entre la famille d'Ancien Régime et la famille moderne et contemporaine : d'un côté, une famille-lignée ; de l'autre, une famille-foyer. Le lignage signifie l'art de tracer une lignée sur un morceau de bois pour réaliser une coupe. De ce point de vue, une lignée prolonge et perpétue comme elle sépare d'autres lignes. À partir du XVIIIe et plus encore dans les siècles ultérieurs, la famille est moins la gardienne d'un lignage qu'un ensemble recherchant la proximité affective. Selon l'anthropologue de la famille Edward Shorter[10], la famille d'Ancien Régime « est cet espace qui confère à la personne, par droit de naissance, sa place dans la société en lui léguant, de manière définitive (et quels que soient ses mérites, son travail, ses compétences personnelles), un rang, un héritage et une identité[11] ».

La famille moderne, puis contemporaine, se veut plus chaleureuse et unie. Ne négligeons cependant pas le souci pour les familles de maintenir des liens avec les générations précédentes et de faire persister l'idée de lignée, soit en cherchant à transmettre un patrimoine, soit en cherchant à maintenir des filiations sentimentales. Les sociologues précédemment citées remarquent que des « continuités familiales » se perçoivent parfois jusqu'à trois générations sans se rompre[12]. Toutefois, une certaine évolution semble à l'œuvre, que l'on relie à l'importance grandissante des affects : le sentiment maternel devient essentiel, le sentiment amoureux et érotique s'introduit entre les époux, et la recherche du bonheur supplante la seule considération de la lignée et de la transmission des biens. C'est aussi le rapport au temps qui change : la mise en avant de l'individu va de pair avec une concentration de cet être sur son temps présent plutôt que sur le passé de ses ancêtres et l'avenir de sa lointaine descendance.

En dépit des schémas culturels qui conditionnent inconsciemment les familles, même lorsqu'elles se prétendent gouvernées par la spontanéité du sentiment – et non la conformité aux normes sociales et de genre –, la revendication de l'individualité et des émotions pousse les êtres à rechercher la famille comme foyer. Dès le XVIIIe siècle et l'advenue du romantisme, la famille nucléaire se présente, en effet, comme un lieu affectif. L'individu s'y trouve moins assigné à un rôle rigide qu'à une place multiple et mouvante. Son identité tient désormais moins de son origine familiale et sanguine[13] que de ses divers rôles encadrés par son foyer et des mystifications romantiques. Alors que l'Ancien Régime recherche plutôt le maintien de la lignée «faisant de chaque enfant un "bien utile" au service de la communauté», selon Edward Shorter, la société moderne inverse le processus[14]. L'enfant, puis l'adolescent n'a pas qu'un rôle, celui d'héritier ou d'époux, il sera aussi élève, collègue, travailleur, ami, petit ami, etc. Bref, la famille devient un point de départ d'où l'enfant pourra partir pour fonder sa famille et sa vie.

Évidemment, il existe encore des familles qui se forment et se perpétuent dans le seul but de se donner une descendance, de transmettre des biens. Et même chez celles qui ne revendiquent pas cet objectif, il n'est pas si certain que les notions de transmission, d'héritage et d'influences inconscientes des parents ne règnent plus. Il faut aussi considérer combien ce changement se réalise progressivement et non d'un seul coup. La littérature romantique témoigne encore d'histoires sentimentales qui échouent à braver l'injonction paternelle de faire alliance avec un être de même statut social. Dans *Adolphe* de Benjamin Constant, paru en 1816, le personnage éponyme n'échappe pas aux désapprobations paternelles quant à son union libre et scandaleuse avec Ellénore, de dix ans son aînée et socialement déchue.

*

Ce qui s'affaisse progressivement, c'est pourtant l'ordre lignée-sang-héritage en faveur d'un nouvel ordre : maison-famille-enfants. La Révolution française propose une relative égalité (entre les hommes) et appuie un peu plus le désir d'autonomie de l'individu. Les révolutionnaires instituent le divorce, l'égalité des frères et sœurs devant l'héritage. Des projets ultérieurs nuanceront certaines propositions et établissent ainsi le principe de « quotité disponible », afin qu'un parent puisse attribuer une part supplémentaire à l'un de ses héritiers. La seconde moitié du XIXe siècle accueille de nouvelles exigences qui ne viennent plus tant des hommes que des femmes.

Les premières féministes s'élèvent peu à peu contre la séparation de la sphère publique réservée aux hommes – celle du travail et de la vie politique – et de la sphère privée attribuée aux femmes – celle de la famille et du foyer. Ainsi, Claire Démar, en 1833, dans son *Appel d'une femme au peuple sur l'affranchissement de la femme*, interpelle les citoyens de son temps sur la nécessité de libérer la femme de son esclavage à l'homme et de la faire coopérer à la rédaction des lois : « Il faut que la femme prenne enfin son droit de possession, son droit d'élection, son droit d'adhésion, libre et spontané, non seulement dans le gouvernement de la famille, mais dans le gouvernement de la cité et du royaume[15]. »

Cette séparation public-privé est d'autant plus pernicieuse qu'elle prive les femmes de la reconnaissance de leur travail, comme de leur soutien au travail des hommes lorsque, restant au foyer, elles assurent une intendance domestique laborieuse. Lors de la révolution de 1848, elles exigent aussi un libre accès à ce marché du travail comme au droit de vote, considérant l'autonomie matérielle comme une clé d'émancipation. Pour les féministes des années 1800, le mari ou le chef de famille n'ont pas à voter à leur place.

Ce n'est donc pas parce que nous sommes liés par le mariage ou par des liens de parenté que nos intérêts sociaux, économiques et politiques sont exactement les mêmes. Et parce que je suis une femme, il n'est pas dit que mes intérêts soient représentés ou conçus par mon père ou mon mari, il n'est pas non plus justifié que je ne bénéficie pas de mes propres droits. Le féminisme met en avant l'idée juste et délicate selon laquelle la famille n'est pas nécessairement un groupe uniforme et parlant d'une même voix. Ce point est d'ailleurs parfaitement reconnu par le législateur, qui refuse d'attribuer la notion de « personnalité morale » au groupement familial, faute de pouvoir s'assurer d'une unité des intérêts.

Famille aux mille visages

La famille contemporaine est donc bien moins uniforme que celles de la période moderne ou d'Ancien Régime. Un point commun demeure malgré ses multiples formes : l'exigence de liberté, d'autonomie et d'affection. Les enfants ne sont pas seulement des investissements économiques ou des réminiscences de leurs ancêtres ; en témoigne la tendance plutôt récente à ne plus nécessairement donner le prénom d'un ascendant pour le « ressusciter », mais à donner libre cours à l'imagination et l'inconscient des parents pour nommer leur progéniture.

En suivant le sociologue François de Singly, nous pouvons distinguer deux périodes dans l'histoire occidentale de la famille. Dans une première période, allant jusqu'aux années 1960, l'individu devient de plus en plus autonome vis-à-vis de la sphère politique et professionnelle. Il ne se confond plus totalement avec son travail et son positionnement politique. Dans une seconde période, à partir des années 1960, les sentiments individuels deviennent premiers par rapport aux rôles fixés par l'institution : on veut être un individu et ensuite appartenir à des groupes. Désormais, la famille n'est plus un tout, au sein duquel les individus manifestent parfois des dissemblances. Elle est surtout un cadre qui tente d'articuler des individualités et des dissemblances. Au cœur d'une famille, chacun peut successivement endosser plusieurs rôles (élève, parent, salarié, etc.), que l'on joue ensemble ou chacun de son côté. On veut être «libres ensemble», selon la belle formule du sociologue. L'individualisme de la seconde modernité ne se contente donc pas de libérer des tutelles, il crée du lien entre les individus qui apprécient à la fois de passer du temps ensemble comme de ne pas trop se contraindre les uns les autres.

Si le discours médiatique et politique met l'accent sur la révolution proposée par le Mariage pour tous, ce qui me frappe, c'est l'existence d'une multiplicité de structures familiales, bien avant cette universalisation du mariage. Avant la grande révolution du mariage homosexuel, avant les procédures de procréation médicalement assistée, et même celle de gestation pour autrui, il était déjà envisageable d'avoir deux pères ou deux mères par une procédure d'adoption : un parent par le sang et un parent de droit.

Il n'est guère besoin d'aller très loin à l'autre bout du monde pour découvrir des propositions d'organisation familiale surprenantes. En lisant le grand dialogue de *La République* de Platon, nous retrouvons Socrate plongé dans des discussions sur la justice, la beauté ou le bien. Cherchant à déterminer le meilleur type de gouvernement, ce dernier nous livre sa vision très singulière des unions matrimoniales et de l'éducation des enfants : «Ces femmes de nos gardiens seront communes toutes à tous; aucune n'habitera en particulier avec aucun d'eux; les enfants aussi seront communs, et le père ne connaîtra pas son fils, ni le fils son père[16].» Autrement dit, si les femmes et les hommes peuvent prétendre pareillement aux fonctions publiques dans la Cité, aucun genre n'est considéré comme plus apte à s'occuper des enfants. Socrate va plus loin cependant : les géniteurs n'ont pas nécessairement à s'en occuper, mais c'est à l'État d'en assurer l'éducation. Ainsi se trouve distingué le lien biologique du lien social.

La lecture de travaux d'anthropologie[17] et d'ethnologie m'a permis de découvrir des pratiques réelles d'alliance et de filiation bien différentes de celles d'une famille nucléaire. Par exemple, la tribu des Nuer au Soudan, étudiée par Edward Evans-Pritchard, pratique des rites d'affiliation originaux, comme celui du mariage fantôme. Dans le cas où un homme meurt, sa famille peut tout de même le marier à une femme ainsi pourvue d'un mari légal et d'un mari substitutif[18]. Les enfants ont deux pères et apprennent à se situer dans la généalogie familiale par rapport à leur père social et biologique. Outre le mariage fantôme, dont l'exotisme est tout relatif, puisque l'article 171 du Code civil français en consacre aussi la possibilité selon des circonstances exceptionnelles et justifiées – le président de la République peut, pour des motifs graves, autoriser la célébration du mariage si l'un des futurs époux est décédé après l'accomplissement de formalités –, je découvrai le cas de la femme-époux, qui consiste à considérer comme un homme une femme inféconde. Ainsi, dans certaines populations africaines du Soudan, chez les Nilotes, il existe un mariage légal entre femmes. La femme stérile pourra choisir une femme pour épouse et lui désigner ensuite un homme, un étranger pauvre, pour cohabiter avec elle et engendrer des enfants. Ces derniers, pourtant pourvus d'un géniteur, appelleront « père » cette femme-époux qui leur donne son nom[19].

Ces exemples, issus d'autres civilisations, montrent que la famille se fabrique avec des liens choisis, qu'ils soient naturels ou non. Les liens naturels n'ont d'ailleurs pas la même importance selon la culture et l'époque. Chez le peuple nilote encore, qui vit près de la vallée du Nil, la coexistence sur un même territoire l'emporte sur la lignée de sang. Autrement dit, la prévalence revient à la solidarité effective et territoriale, davantage qu'au privilège de l'ADN, « la communauté de vie l'emporte sur la différence des filiations[20] ». Cette tribu détient même un système de parenté très original, puisque l'affiliation peut avoir lieu de trois manières : par des liens sanguins ; par l'affiliation mythologique selon laquelle des groupes d'étrangers sont incorporés dans une tribu en raison d'un mythe raconté ; enfin par l'adoption, de sorte que les enfants apparentés par le sang ou l'adoption sont indiscernables[21].

Si l'on naît biologiquement de l'accouplement d'un individu de sexe féminin et d'un autre de sexe masculin, sinon d'une rencontre d'ovocytes et de spermatozoïdes, l'alliance de deux femmes ou de deux hommes s'occupant d'un enfant est un fait social avéré historiquement, comme culturellement ; un fait pas moins naturel que la famille nucléaire. Ces données, si elles nous choquent, révèlent autre chose : notre fixation sur la famille nucléaire comme sur les liens de sang. D'où vient cette obsession ? Elle tient peut-être moins du souci de faire des enfants, de les aimer et de s'en occuper que du souci de refléter une image – conçue comme idéale et parfaite – de la famille et des rôles assignés aux hommes (géniteurs et possesseurs d'une femme et d'une descendance) et aux femmes (objet sexuel fécondable).

Il en va aussi du désir de faire lignée plutôt que de faire foyer. C'est un vieux projet que l'on retrouve dès le Moyen Âge dans le monde paysan comme dans le monde aristocratique, poussant à jeter l'opprobre sur les femmes sans enfant[22]. Ce privilège du sang explique sans doute que l'adoption ne soit pas envisagée en premier lieu lorsque procréer est impossible. Et c'est aussi ce privilège du sang qui explique que, depuis le Moyen Âge en France, le nombre d'enfants à adopter – même s'il diminue – demeure conséquent. Selon la fédération nationale Enfance & Familles d'adoption (EFA), « en 1985, on comptait plus de 10 000 enfants pupilles de l'État en France, c'est-à-dire des enfants juridiquement adoptables. Aujourd'hui, ils sont encore un peu plus de 2 700, dont un peu plus d'un tiers sont effectivement adoptés ». Bien des enfants ne trouvent pas de parents d'adoption.

La procédure est longue – cinq ans en moyenne – et suppose un jugement de coupure de lien avec les parents biologiques, ce qui n'est pas toujours prononcé[23]. Si ces difficultés de procédure comptent, il existe aussi une inadéquation entre le projet des parents, souvent plus désireux d'adopter un nourrisson, et la réalité du terrain : plus d'enfants âgés et parfois pourvus de maladies ou handicaps sont adoptables. Bref, ce ne sont pas seulement des lacunes de nos institutions qui sont en cause, mais «l'expression d'une culture parfaitement hostile à l'intégration familiale d'un étranger au sang», selon l'historienne Agnès Fine.

Le privilège de la famille de sang

Nous sommes, en France, encore très attachés aux liens du sang, comme le manifeste l'hésitation du juge à prononcer une décision de délaissement et une rupture des liens entre enfants et parents biologiques[24]. Nous le sommes aussi par le souhait de développer et de recourir à des techniques médicales pour assister la reproduction quand celle-ci est difficile ou impossible. Ces faits contribuent à interroger le lien que nos sociétés maintiennent, coûte que coûte, entre parentalité et lien biologique. Ce lien peut même être profondément ancré dans des milieux dits «queer[25]», où, précisément, le rejet des représentations genrées pousse à concevoir la famille autrement qu'à la manière d'une cellule de reproduction des lignées, et la parentalité comme autre chose qu'une perpétuation des rôles traditionnels dévolus aux individus de sexe féminin ou masculin. Les milieux LGBT ont mis en avant que le soin donné aux enfants ne dépendait pas d'un genre et d'un mode d'accouplement.

Un couple, homosexuel ou hétérosexuel, pour lequel la procréation n'est envisageable qu'à la condition d'avoir recours à un donneur connu ou anonyme, peut préférer la PMA à l'adoption d'un enfant déjà né et âgé – indépendamment de toute difficulté administrative – par le souhait de vivre le processus de procréation, l'attente d'un enfant à naître, parfois le souhait que les gènes d'un des partenaires soient transmis à l'enfant. Du côté de l'administration, il est bien plus facile d'accéder au vœu de PMA qu'au vœu d'adoption pour le conjoint homosexuel qui souhaite être reconnu comme parent de l'enfant procréé[26]. D'où vient ce privilège de la procréation ? Pourquoi a-t-on besoin, malgré tout, d'associer la parentalité au portage, à la donation de ses ovocytes ou de ses spermatozoïdes ?

La sociologue Gabrielle Richard interroge la « fiction biologique » qui peut se trouver proposée aux couples ayant recours à la PMA : « Il n'est pas non plus anodin que, dans bien des cliniques de fertilité, on prenne note des mensurations des partenaires des personnes inséminées, de manière à les jumeler aux caractéristiques des donneurs. C'est cette apparence de filiation biologique qu'on veut préserver, en espérant qu'avec "assez" de ressemblances physiques, la parentalité d'une personne avec son enfant ne sera pas questionnée[27]. » Ces pratiques ne sont pas l'objet d'une réflexion et seraient largement imposées.

Tous ces procédés, ces privilèges juridiques accordés aux géniteurs plutôt qu'aux adoptants, mais aussi ce vocabulaire utilisé, attestent une croyance forte en la parenté biologique : ainsi parlons-nous de parent biologique ou de géniteur de manière parfois très inappropriée, puisqu'un donneur peut ne jamais s'occuper de son enfant et que le géniteur n'a pas toujours eu de rapports génitaux. Le mot « donneur » a la commodité de convenir à un plus grand nombre de situations. Notre attachement au support biologique de la parenté est d'autant plus étonnant que la famille contemporaine revendique, plus que toute autre, les liens du cœur.

*

Tout se passe comme si le partage génétique protégeait nos liens et leur accordait un supplément de solidité, de beauté ou d'authenticité. Il semble que la biologie donne l'illusion de pouvoir assurer la ressemblance et, par là, l'amour. Mais ces équations sont-elles justes et pertinentes ? Nous avons déjà vu des êtres du même sang ne pas beaucoup se ressembler physiquement et psychologiquement, et, à l'inverse, des êtres sans lien génétique avoir bien des points communs. Et, sur ce point, nous devrions nous souvenir que la ressemblance n'est pas seulement acquise par les gènes, mais aussi par l'habitude de vivre ensemble comme de s'aimer. C'est ce que prouve l'histoire de Sophie et Manon, rapportée dans un podcast produit par France Culture sur la parenté[28]. Cette mère et cette fille ont appris très tardivement dans leur existence que Manon n'était pas la fille biologique de celle qui l'a élevée, Sophie. Lorsque celle-ci accouche, son bébé est donné à une autre famille, et *vice versa*. Cette maman retrouve son domicile, y installe la petite Manon, une enfant qu'elle n'a pas portée durant neuf mois.

Fusionnelles, cette mère et cette fille ont fini par se ressembler physiquement, sans être liées par le sang. Plus tard, lorsque l'erreur et l'échange seront découverts, et qu'une rencontre sera organisée avec l'autre famille victime, Manon dira avoir immédiatement aperçu des ressemblances avec ses géniteurs. Pour autant, les relations ne se sont pas formées, car « pour moi, ma mère, c'est celle qui m'a élevée[29] ». Nous le voyons : non seulement la génétique n'est pas la seule source des ressemblances physiques, mais la ressemblance seule ne garantit pas l'affection. C'est au contraire par le désir d'être ensemble qu'une ressemblance se développe ; elle est autant une parenté biologique qu'un partage commun de gestes, de valeurs et d'idées – si ce n'est davantage.

Si nous hésitons parfois à considérer les parents sociaux ou adoptifs comme tels, c'est sans doute en raison d'un puissant héritage idéologique, culturel et social. En effet, le sang n'a pas toujours été le centre des préoccupations familiales en tant que véhicule d'un patrimoine génétique, ignorance médicale oblige. À l'époque médiévale, le sang n'est pas considéré comme un vecteur de gène ou de parenté. L'arbre généalogique apparaît au XIIe siècle chez de hautes dynasties. Et il est vrai que le sang devient, à ce moment-là, un objet de culte dans les grandes lignées aristocratiques, qui mettent en place des stratégies de conservation par le contrôle des alliances. C'est donc progressivement que le rapport entre le sang et l'idée de transmission de la parenté s'établit et finit par caractériser la modernité.

Quels en sont les effets ? Ce privilège du sang devient le vecteur d'une volonté de préservation d'une lignée, d'une classe sociale, mais aussi d'une race. Des stratégies d'alliances s'ensuivent, afin que le sang soit noblement mêlé pour préserver un nom de famille et dès lors, le plus souvent, une classe sociale élevée, mais aussi une couleur de peau. Cette obsession du sang permet de nourrir des fantasmes sur les alliances légitimes et illégitimes, d'ancrer la famille dans la rhétorique du corps et de rejeter l'adoption, comme d'exclure des enfants conçus hors mariage. Ainsi que le remarque l'historienne Agnès Fine, l'adoption d'enfants abandonnés est encore entourée dans les années 1960 de fantasmes négatifs selon lesquels ils seraient des enfants nés d'inceste ou d'unions illégitimes : « Les bâtards pourraient être le fruit de liaisons coupables, incestueuses peut-être, et donc porteurs potentiels de "tares" héréditaires, dont on ne sait préciser si elles sont morales ou physiques : pendant l'entre-deux-guerres, on évoque tour à tour la syphilis, la tuberculose, l'alcoolisme, le vice sexuel[30]. »

Faut-il se ressembler pour s'aimer ?

Si l'attention prêtée au sang est une préoccupation culturelle avec son histoire propre, nous pouvons aussi questionner l'idée selon laquelle la ressemblance – génétique ou non – serait gage d'amour. Nous observons des êtres se ressembler et ne pas engager de lien de solidarité, voire se disputer jusqu'à la haine. Pourquoi la proximité et la ressemblance n'engagent pas forcément la paix, le respect et l'amour, sinon le conflit et la rivalité ? Est-ce que l'identité serait plus dangereuse que la différence ?

Certaines tribus craignent la ressemblance familiale. Un ethnologue comme Malinowski rapporte en 1929 que « les Trobriandais [peuple indigène des îles Trobriand, en Papouasie-Nouvelle-Guinée] n'avaient pas peur seulement des jumeaux mais avaient peur des ressemblances familiales[31] ». Pourquoi ? Pour l'anthropologue René Girard, la ressemblance jusqu'à la confusion est un inévitable terreau de la violence. Ces peuples avaient compris une donnée fondamentale : se ressembler jusqu'à la confusion suscite l'agressivité. Plus on se ressemble, plus on désire les mêmes objets, plus on désire être ce que l'autre est, et plus la violence s'intensifie. Ainsi en va-t-il des frères ennemis, Abel et Caïn, Joseph et ses frères, ou encore Romulus et Remus, frères jumeaux abandonnés à leur naissance et élevés ensemble, se battant pour la nomination d'une ville et sa gouvernance[32].

Freud aurait perçu cette conflictualité entre l'enfant et son parent à travers ce qu'il nomme le « complexe d'Œdipe ». Le fils qui veut ressembler à son père, l'admire et le hait à la fois, inconsciemment puisqu'il constitue une entrave à sa réalisation. Dans ce complexe d'Œdipe, le père est à la fois le modèle et l'obstacle pour ressembler à ce modèle. Pour que le père apparaisse comme un obstacle, il faut qu'il soit suffisamment proche du fils, et qu'il n'ait pas une position par trop dominante. Selon Girard, ce complexe est spécifique à nos sociétés occidentales contemporaines dans lesquelles il existe une grande proximité entre le parent et l'enfant.

Si Girard estime que la violence provient toujours du désir de ressembler à l'autre et de posséder la même chose que lui, si la violence est donc mimétique, alors il faut en tirer les conséquences pour la notion de famille, haut lieu de ressemblances. Il s'agit en effet d'une zone où la violence peut se déchaîner sans limite et avec une aisance surprenante. Ce n'est pas seulement en raison de son caractère intime et caché du public. Si ces considérations sont à prendre en compte, si des rapports de domination sont également à garder à l'esprit, ne perdons pas de vue que l'encouragement à mimer, voire à ressembler à nos ancêtres ou à notre fratrie peut générer de la violence.

Celui ou celle qui subit cette exhortation consciente ou inconsciente se trouve dans la difficulté à pouvoir s'affirmer, sans nécessairement et pleinement mimer ses tuteurs. Si l'enfant prend cette exhortation au sérieux, il peut même se trouver dans une lutte avec les siens pour leur ressembler, sinon pour les détrôner, raflant leurs biens, leurs liens, leur être. Rien de plus périlleux que de chercher à uniformiser ses enfants – par le vêtement, les activités ou l'éducation. Rien de plus violent que de susciter chez eux le désir de conquérir la reconnaissance, la fierté et l'estime des parents à la manière d'une course rivale, marquée par la surenchère des jalousies et des trahisons.

La ressemblance stimulée produit une concurrence des êtres pour la possession des mêmes biens (affection, protection, biens matériels), de même qu'une confusion concernant leur identité (être le même que son frère ou sa sœur, que ses parents ou grands-parents, pour rechercher l'attachement mais aussi l'identification). Quand plus rien ne nous distingue, ni notre être ni nos possessions, nous n'avons plus que le ressort du pur conflit sans motif pour nous déchirer et enfin apparaître. Ce mécanisme est particulièrement à l'œuvre dans les conflits, parfois fratricides, pour obtenir la préférence d'un parent ou prouver cette préférence au moment d'une succession. Être semblable n'est donc pas synonyme de solidarité ou d'entraide. La ressemblance physique et génétique peut ne pas offrir le souci de l'autre, mais au contraire l'exacerbation du désir d'être l'autre.

Si la famille se fonde sur le sentiment d'appartenance, ce sentiment ne semble pas uniquement dépendre du sang ou d'une généalogie commune, même s'il est évident que ces éléments sont des ancrages puissants. On peut très bien se sentir au plus loin de ses parents et au plus proche de personnes choisies dans un monde extra-familial. En outre, comme nous venons de le voir, le sentiment d'appartenance et même de ressemblance ne fonde pas forcément l'amour, la bienveillance ou le respect.

Toute famille est adoptée

La façon dont des êtres qui n'ont pas le même sang font famille peut non seulement nous donner de précieuses indications sur l'essence de la famille, mais aussi nous proposer un horizon riche d'enseignements pour aider nos familles de sang à tendre vers une union authentique. Nos sociétés européennes contemporaines perçoivent l'adoption comme une ultime issue pour pallier l'infécondité d'un couple ou d'un être, sinon pour celles et ceux qui songent à ne pas vieillir seuls.

L'adoption apparaît alors comme un plan B, à bout d'espoir, lorsque des parents n'ont pas pu procréer et l'auraient souhaité pour des raisons affectives, mais aussi successorales. Cette obsession pour la procréation, en chute libre ces dernières années[33], engage une remise en question du rapport que nous avons aux enfants : sont-ils seulement les supports d'un code génétique et d'une lignée qu'il faut perpétuer ? N'incarnent-ils que les reflets miraculeux de l'amour romantique et narcissique ? Ne sont-ils que le résultat d'une injonction sociale à la procréation ou encore les futurs aidants de parents vieillissants ? S'interroger sur *pourquoi* nous faisons famille, c'est par là même réfléchir à nos motivations de faire des enfants et surtout découvrir la façon dont nous regardons les enfants dans notre société.

Dans les sociétés situées en Océanie, observées par des ethnologues entre les années 1980 et 1994, l'adoption est une pratique systématique et non une exception réservée aux couples en crise ou aux orphelins. L'étude ethnographique des Sulka de Nouvelle-Bretagne révèle qu'aucune distinction n'existe entre parents adoptifs et parents biologiques, et « le transfert d'un enfant s'effectue de préférence entre des personnes se reconnaissant déjà un lien de parenté réelle ou classificatoire, suivant une tendance observée dans la majorité des sociétés d'Océanie[34] ». Un enfant peut faire l'objet de plusieurs adoptions successives, puisque les premiers adoptants ne peuvent s'opposer à une tierce personne apparentée qui souhaiterait adopter à son tour l'enfant, de même que le désir d'un enfant de rejoindre une autre famille ne peut être contrarié.

Il s'agit ici d'honorer le lien de parenté en se reconnaissant mutuellement débiteur : le géniteur doit son enfant à l'adoptant, et l'adoptant offrira son soutien à ce géniteur qui lui aura laissé son enfant. L'enfant transféré – à sa demande ou à la demande d'un tiers – est le symbole d'un réseau d'obligations entre parents. Donner son enfant, geste qui peut paraître contre nature à nos yeux, signifie que l'on consent à se défaire de sa progéniture et que l'on se montre capable de faire confiance à ses proches parents pour s'occuper de cet enfant. Cette conception de la parenté horizontale (liens entre parents), fondée sur la capacité à procréer mais aussi à transférer ses enfants, s'accompagne d'une conception de la parenté verticale (tuteurs-enfants), puisqu'un parent véritable est surtout celui qui se montre capable de prendre soin et de nourrir.

Chez les Kamao de Nouvelle-Guinée, observés à la même période, l'adoption ne défait pas le lien biologique, de sorte que la distinction entre famille biologique et famille adoptive ne signale pas une alternative ou une succession, mais une situation double pour l'enfant, qui peut avoir à la fois des parents adoptifs et des géniteurs. Il est intéressant de constater qu'ici, comme chez les Sulka, l'engendrement ne suffit pas à nous faire parents. L'enfant ne prend corps qu'au bout de plusieurs étapes qui sont assurées, dans ces sociétés – comme dans l'Europe du XVIe siècle –, par un parent adoptif et nourricier. Il n'y a que l'action répétée du soin qui puisse transformer un géniteur ou un adoptant en parent. Ces conclusions ne sont pas sans faire écho à ce que nous éprouvons intuitivement face à la défaillance d'une mère ou d'un père : celui qui ne nourrit pas ou n'élève pas n'est pas pleinement parent. Ainsi, des parents adoptants, des tuteurs, des beaux-parents ayant pris le relais d'un géniteur sont regardés comme des parents, et nous comprenons mieux pourquoi : c'est bien parce qu'ils actualisent l'essence et la fonction de la parenté. Malgré la diversité des cultures et l'écart qui existe bel et bien entre les Sulka et les Européens, un invariant demeure, qui se veut constitutif de ce que l'on appelle la parenté et la famille : le prendre soin.

L'adoption a existé dans une France ancienne, du Moyen Âge au début du XXe siècle. Les motifs étaient tout à fait différents de ceux des cultures évoquées plus haut : crainte de ne pas avoir de lignée et donc de ne pas pouvoir transmettre (nom, blason, biens), anxiété liée à la préparation de ses vieux jours et de sa mort. Le don d'enfants provenait plutôt de familles en difficultés économiques, sociales, et qui cherchaient à donner à leur progéniture un avenir meilleur. Ces dons, prenant parfois l'allure d'une transaction économique, n'étaient pas immoraux. Depuis les années cinquante, en Europe et en France, le don d'enfant devient une pratique inadmissible et scandaleuse, comme l'illustre bien un film récent, *Le sixième enfant* (2022) de Léopold Legrand, adapté du roman *Pleurer des rivières* d'Alain Jaspard. Le désir d'adoption, assimilé à un désespoir de procréation, s'y voit réalisé par un arrangement entre deux familles que tout oppose, l'une pauvre et incapable d'assumer financièrement ce sixième enfant, l'autre aisée et stérile. Assimilé à un abandon intolérable et à une réduction de l'enfant au statut d'objet, ce type de don ne peut encore exister qu'en cas d'extrême urgence, comme la mort des deux parents, et dans un cadre intrafamilial de préférence.

L'histoire et l'ethnologie nous révèlent combien l'adoption est non seulement un sujet plus vaste qu'il n'y paraît, mais comment la famille n'est pas réductible à l'affiliation naturelle. Si l'on adopte parce que l'on veut s'occuper de quelqu'un – ou parce que l'on s'en occupe déjà –, il me semble que la famille de sang comporte aussi sa dimension d'accueil, d'acceptation de l'autre, de reconnaissance mutuelle de l'amour. L'adoption est peut-être l'ultime modèle de toute construction familiale, car, sans renouvellement du serment d'affiliation, les liens biologiques non reconnus et non investis ne suffisent pas à faire famille. Toute famille aimée dans la durée est une famille adoptée.

Habiter ensemble

Si nos pratiques familiales se démultiplient dans l'espace, elles changent aussi avec le temps qui passe. Je ne veux pas parler ici du temps historique et collectif, mais du temps personnel et intime. En grandissant, la famille tend à devenir une réalité de plus en plus lointaine et délitée : on quitte le foyer, parfois pour une rue voisine et parfois pour l'autre bout du monde. Souvent, le voyage sert à fuir un foyer mélancolique, un parent isolé et dépendant, un couple parental dysfonctionnel, une enfance chagrine.

J'ai attendu avec impatience ce moment du départ pour m'installer seule. Trois mois après l'obtention de mon baccalauréat, j'ai quitté le foyer maternel. Je voulais fuir mon enfance et mon adolescence, alourdies par des histoires familiales complexes et difficiles. J'éprouvais le besoin de me libérer d'un foyer endeuillé par l'absence de mon père et le chagrin d'une mère aimante, mais qui connaissait des moments de profonde tristesse. Le silence conquis, j'ai dû reconnaître qu'il me manquait la grandeur d'un espace rempli par les « miens ». Il n'est pas si facile de se départir de l'idée de famille.

Le divorce de mes parents, puis mon départ du foyer maternel ont scellé une irréversible distance. Comme pour beaucoup de gens, la famille signifiait pour moi le fait de vivre sous un même toit. Parfois des repas, voire des vacances passées ensemble, me redonnent le goût de la cohabitation. Dans des maisons ou dans des hôtels, j'ai ressenti la joie et la tristesse de revivre avec les miens. Cette solidarité familiale, ce sentiment de protection que confère l'union sous un même toit a toujours eu pour moi le goût de l'enfance.

En même temps, je ne regrette rien de ce départ. À force d'avoir entendu les disputes de mes parents et d'en avoir vécu dans le foyer maternel, je constatais amèrement combien la familiarité pouvait dégénérer vers l'irrespect des frontières de chacun. Cette vérité tragicomique est un des thèmes les plus revisités de la littérature comme du cinéma, à l'image du film de Cédric Klapisch *Un air de famille* (1996), adapté de la pièce de théâtre écrite par Agnès Jaoui et Jean-Pierre Bacri. En pleine promotion du film, ce dernier déclare : « La famille, c'est bien, mais le soleil aussi, c'est bien ; si on y reste trop longtemps, c'est mauvais pour la peau. » Je l'écoute et j'entends son agacement. Il poursuit : « Plus on est familier et proche d'un autre, moins on le respecte[35]. » La conclusion paraît fatale et impose à la famille une durée de vie limitée.

Mais ne plus vivre avec les siens, sous le même toit, est-ce ne plus faire famille ? Je me le suis souvent demandé, lorsque mon père a déménagé et a habité dans son propre appartement : ne faisions-nous pas famille ensemble, même le temps d'un week-end ou de vacances ? La famille se réduirait-elle au domicile conjugal ? Dans le film de Jacques Doillon *La vie de famille*, sorti en 1985, la jeune Élise (Mara Goyet) retrouve son père écrivain Emmanuel (Sami Frey), séparé de sa mère (Aina Walle), le temps d'un week-end. Elle lui reproche sa distance, à la fois géographique et affective. Afin de reconquérir sa confiance, Emmanuel embarque sa fille plusieurs jours dans un *road trip* poétique, mêlé d'aventures et de conflits. En la quittant à l'aéroport, il lui demande de rechercher le sens du mot famille dans le dictionnaire avec lequel ils se baladent. Élise lit la définition suivante : « Individus vivant sous le même toit. » Son père lui répond : « Tu vois, je ne suis pas ton père au sens restreint. » Emmanuel, s'il n'est pas un père de proximité, est malgré tout un père, au sens large, parce qu'il prend soin de ses rêves et cherche à transmettre à son enfant des valeurs comme de l'amour.

*

Me souvenant de mon départ précoce alors que j'entrais en classe préparatoire à Louis-le-Grand, je me tourne vers l'un de mes plus proches amis, Samuel, rencontré à cette même période, en ce même lieu. Lui aussi, pour des raisons bien différentes, a quitté très jeune son foyer rouennais pour le lycée de la rue Saint-Jacques. Je l'interroge sur son sentiment de famille, lui qui semble si loin de cette notion, n'ayant ni frère ni sœur, ni cousins ni cousines, ni oncle ni tante, ni grands-parents (ses parents ayant rompu avec leurs familles respectives). Sa famille se réduit donc au couple parental, avec qui il ne vit plus depuis seize ans. À ma grande surprise, celui-ci me dit se sentir toujours vivre en famille : «Plus tu as une famille restreinte, comme dans mon cas, plus ta famille se trouve facilement soudée. Avec mes parents, nous avons des dialogues et des rendez-vous réguliers. Certains diront que je n'entretiens avec eux qu'un rapport parental et non familial parce que je suis fils unique. De mon point de vue, ils représentent bien ma famille.»

La famille serait moins un lieu commun que des actes accomplis ensemble. Mais, si ma famille d'origine ou d'accueil n'existe qu'à force d'actes communs, elle n'est, il faut l'admettre, qu'une réalité intermittente dans ma vie d'adulte. Est-ce à dire que, seule, je ne suis plus une enfant, ou du moins plus l'enfant de personne ? Oui. Cette impression de solitude est difficile, mais elle est aussi libératrice. Tout enfant qui a ressenti la réalité de sa condition, je veux dire la soumission au rythme, aux ordres et aux désirs de ses parents, ne peut que rechercher et conquérir sa liberté, sa solitude et son indépendance. Cependant, parce que nous sommes aussi des êtres redevables au passé et à l'amour, nous pouvons regretter ce temps où l'enceinte fortifiée de la famille donnait l'impression d'amortir la violence du monde.

Exister ensemble dans le temps

Il est des évènements qui forcent le délitement de notre famille : les divorces et les séparations, mais aussi la mort des uns, comme l'éloignement des autres. Au moment où je commence l'écriture de ce livre, je me trouve confrontée au lent glissement de ma grand-mère paternelle, Annette, hors du monde des vivants. Je ne peux m'empêcher de voir son proche départ comme un dernier coup porté à notre famille : que restera-t-il de nous ? Elle laissera deux fils, dont mon père, et cinq petits-enfants. Allons-nous réussir à maintenir nos liens qui ont toujours tourné autour d'elle ? Le moment de la disparition pressentie d'un ancien est un moment de haute union familiale : nous communions, bien avant le deuil, dans le pressentiment d'une séparation et nous entourons cet être de nos soutiens comme de notre affection. C'est aussi une façon de nous soutenir mutuellement et de resserrer les liens comme jamais nous ne l'avons fait.

Pourtant, lorsque la mort arrachera celle sans laquelle nous ne serions pas vivants et réunis, il n'est pas certain que nous maintenions, avec une telle densité, ces liens. Si la perpétuation d'une lignée ou la fondation de sa propre famille était le projet de ma grand-mère, ce projet sera-t-il le nôtre ? Faire famille demande une actualisation permanente du projet passé d'un autre. Il s'agit en effet de se réapproprier ce projet qui nous précède et de le faire nôtre. Rien n'est moins évident. Certains cherchent à rompre les lignées et les liens faute d'amour ou de volonté, d'autres veulent prolonger cette création, à la manière d'un devoir ou d'un désir.

Une famille qui se prolonge et se perpétue, dans la procréation comme dans la réunion régulière de ses membres, demeure une réalité fragile, toujours soumise au péril du délitement. Certains anthropologues comme Claude Lévi-Strauss considèrent que le faire-famille est à la fois un mouvement de génération permanente et de désagrégation continue : la famille ne cesse de toute façon de se déliter, par la séparation, la mort, ou par la fondation d'une nouvelle famille de la part de ses membres. Une famille est toujours le résultat de l'éclatement de deux familles antérieures.

*

Que reste-t-il de nos familles, quand nous ne sommes plus des mineurs, c'est-à-dire les enfants de nos parents ? Cette question se pose aussi lorsque l'on devient parent :

sommes-nous encore et toujours les éternels enfants de nos parents ? Comment nos liens évoluent-ils ? Lorsque des devoirs parentaux sont achevés – nourrir, protéger et éduquer – le lien d'obéissance se découd. Si le parent peut attendre obéissance et respect de son enfant qu'il élève, il ne peut guère maintenir cette exigence dès lors que son enfant n'en est plus un et qu'il subvient lui-même à ses besoins. Ainsi, pour le philosophe Locke, l'achèvement de l'éducation signale une fin de l'obéissance des enfants aux parents – même si demeure pour lui l'obligation d'honorer ces derniers. Pour Kant, les enfants devenus adultes et autonomes sont carrément libérés de toute dette à l'égard de leurs parents (et *vice versa*), et ils peuvent ensemble former une « société domestique » s'ils le désirent[36].

Y a-t-il toujours famille lorsque l'enfant s'en va, voire qu'il fonde sa propre famille ? Comme je l'ai dit, il a suffi de mon départ pour sentir combien la famille s'altérait un peu plus. Et ce sentiment semble accompagner un constat objectif. Le droit de l'individu surgissait autrefois avec le mariage d'un enfant : cette nouvelle alliance suscitait une forme de dislocation de sa famille, comme la fin de l'autorité parentale sur sa personne. L'enfant parti, célibataire ou uni à un conjoint, reconfigure l'équilibre de sa famille d'origine. Mais, alors qu'il s'éloigne de son foyer d'origine, que deviennent les parents laissés à eux-mêmes ? La douleur provient de la dissociation entre famille et foyer, de ce constat que le foyer n'a qu'un temps provisoire, alors qu'il nous donne l'illusion d'éternité. De deux choses l'une : soit la famille signifie foyer et il faut bien admettre que la désagrégation de la vie commune signale la fin de la famille, soit une famille excède la cohabitation et peut se nourrir d'autres choses que des maisons communes. Mais de quel bois est faite la famille pour ne pas se rompre au premier départ ?

En écoutant le témoignage d'une mère de famille de quatorze enfants, interrogée par Émilie Chaudet pour une émission produite par France Culture, j'entends celle-ci déclarer : « Faire famille, c'est faire des choses ensemble[37] ». Nous en revenons à l'idée fondamentale que la famille ne peut être maintenue qu'à force d'actes, quel que soit le nombre de ses membres. La famille dépourvue de rencontres, de dialogues et d'actes communs est une famille virtuelle, voire inexistante.

*

La reconfiguration familiale suscitée par les deuils, voire par les départs ou les recompositions, peut soulager et inquiéter : que deviendra le lien qui n'est plus encadré par la notion de devoir, fondé sur la crainte de ne pouvoir survivre seul ? Certains parents n'ont plus de repères et ne savent plus comment demeurer en lien avec leurs enfants, devenus adultes et indépendants. Derrière le droit et la morale, reste-t-il une estime, voire un amour ?

De peur d'interroger la qualité du lien subsistant, certains s'agrippent au lien de subordination juridique et hiérarchique, « jouant » encore l'autorité, à l'image de ce père autoritaire et richissime du film *Love Story* de Hiller (1970), coupant les vivres de son fils parce qu'il choisit de se marier avec une étudiante d'une classe sociale modeste. D'autres parents demeurent dans un rôle d'ami discret et absent, tel le père de Suzanne incarné par Maurice Pialat dans *À nos amours* (1983). Certains encore aiment à conserver très longtemps le rôle du parent nourricier inquiet et affectueux, cherchant à « garder un œil » sur sa progéniture, parfois jusqu'à l'étouffement et l'intrusion. Je pense immédiatement aux scènes explosives d'*Un éléphant ça trompe énormément*, où Marthe Villalonga poursuit son fils Simon (Guy Bedos) de ses inquiétudes et de ses assiduités.

Dans l'autoritarisme comme dans la protection nourricière, ce qui prévaut, c'est le regret de ne plus pouvoir disposer de son enfant. Il y a toujours l'impression fausse que l'engendrement nous fait créateur, et que cette position octroie un droit de propriété sur l'enfant. Le soin donné semble accorder un billet de créance : mon enfant me doit honneur et bonté. Cette idée est profondément ancrée dans nos cultures, et elle provient largement d'un héritage religieux intimant dans son quatrième commandement d'honorer son père et sa mère. Cette idée habite le conscient comme l'inconscient des adultes et des plus jeunes. Pourtant, philosophiquement, l'idée d'un enfant débiteur n'a aucun sens, pour la simple raison qu'un enfant n'a jamais demandé à exister. C'est d'ailleurs ce que suggère le philosophe Kant, rappelant la nécessité de regarder «l'acte de procréation comme un acte par lequel nous avons mis au monde une personne sans son consentement, l'y poussant d'une manière tout arbitraire[38]», et ajoutant par la suite que «les frais de son éducation ne peuvent lui [à l'enfant] être imputés comme une dette dont il devrait s'acquitter».

Que subsiste-t-il alors de la parentalité lorsque les enfants ne sont plus enfants ? Peu de choses si le lien n'a été tissé que par les fils de la nourriture, du contrôle et du silence. Parfois, il ne reste que quelques repas d'anniversaire, qu'un coup de téléphone et des messages entre lesquels s'égrène le chapelet silencieux de nos regrets, de nos secrets ou de nos douleurs. Dans le film *Juste la fin du monde* de Xavier Dolan, le personnage principal, Louis, est parti loin de sa famille depuis douze ans, et il ne reste, à son retour dans son village natal, que fâcheries, questions et non-dits.

Ces défaillances proviennent d'une attitude inauthentique : la paresse de réviser sa propre éducation, le conformisme social poussant à habiter des rôles déjà construits contribuent à rendre ces relations statiques, rigides et pauvres en paroles, en sincérité et en réflexion. Il est d'autres attitudes parentales possibles à partir desquelles les enfants sont perçus comme des êtres séparés depuis leur naissance. Il existe des parents qui ne se voient pas tant comme une matrice que comme un médium vers la vie et le monde. Ceux-là regardent alors l'enfant comme une personne à connaître, à orienter vers des valeurs et du sens plutôt que vers les seuls devoirs. Ils semblent tenir la main de leur enfant pour le faire aller au monde plutôt qu'à eux-mêmes. Ainsi, Lydia Flem, psychanalyste, photographe et autrice, fait part, dans *Comment je me suis séparée de ma fille et de mon quasi-fils,* de sa considération sur son enfant en train de quitter le foyer : « L'autonomie, la confiance en soi, la capacité de déployer sa propre créativité, qui s'éprouvent d'abord en présence de ses proches, ne peuvent pleinement se vivre que par l'expérience répétée en dehors du cercle familier[39]. » En poussant ceux que nous élevons ou éduquons vers l'autonomie matérielle et spirituelle, nous gagnons non seulement leur estime mais leur confiance.

*

Fonder une famille est de moins en moins un acte évident depuis la révolution féministe et la déconstruction des rôles sociaux genrés. En réalité, cet acte n'a jamais été simple et naturel, en Europe et ailleurs. Il s'est toujours agi d'un exercice de composition – surtout lorsque les conditions de la procréation n'étaient pas assurées. La vitalité de la vie familiale nécessite l'adhésion de tous à la vie commune, au moins au partage des affects, à la conciliation de l'individualisme avec un collectif. La difficulté est redoublée par l'inscription de la famille dans le temps, car rien n'est définitif : faire famille suppose un renouvellement constant des activités accomplies ensemble, au cours du temps, surtout lorsque des naissances, des séparations ou des morts menacent l'ensemble. Cette nécessité apparaît parfois trop tard, lorsque la vie commune se dissout et qu'aucun cadre matériel n'assure plus au clan sa réalité.

Si la coexistence collective dans l'espace et le temps signale un défi immense, l'univers familial est aussi traversé par des conflits politiques bouleversants qui remettent en question le bien-fondé des hiérarchies parents-enfants, hommes-femmes, comme d'une certaine morale familialiste imposant la puissance du clan face à celle du droit ou de l'État. Si la famille patriarcale a longtemps proposé un cadre clair, stable et rassurant pour vivre en famille, elle a aussi troublé les ménages, violenté les êtres et fait éclater son cadre. La rigidité des rôles et l'injustice des situations peuvent-elles vraiment nous aider à faire famille ?

Chapitre 2

Organiser

« Dans la famille, l'homme est le bourgeois ; la femme joue le rôle du prolétariat. »

F. Engels, *L'origine de la famille, de la propriété privée et de l'État*

La famille a des airs rassurants. Elle semble éloignée du monde des affaires économiques et politiques. On ne peut pas totalement le démentir. Comme nous le rappellent des historiens comme Philippe Ariès[40], la famille se recentre autour des sentiments, de l'intime et des relations dès le XVIIIe siècle. Il n'en demeure pas moins qu'elle est aussi un lieu d'introduction à la société et à ses hiérarchies, ses ordres et ses injonctions. Nos familles nous apprennent par l'éducation et la discipline à comprendre les notions d'autorité, de force, voire de violence, et à obéir à des instances supérieures. Enfant, j'ai été persuadée, comme beaucoup, que ma famille était un lieu intime et protégé du dehors, des affaires du monde et des luttes politiques. Cette croyance s'entretient aisément, puisqu'elle provoque un incroyable sentiment de réconfort.

Et même si nous ne disposons pas d'une idée très claire de ce dehors, nous sentons que ce qui se passe dans la rue, derrière notre écran d'ordinateur ou de télévision, sous les discussions d'adultes, relève de quelque chose de sérieux, voire d'inquiétant. Des intérêts et des valeurs sont en jeu, cela se sent et s'entend, mais ne se comprend pas toujours. Cette illusion d'enfant se poursuit pour beaucoup jusqu'à l'âge adulte : nous croyons, inconsciemment ou consciemment, qu'en rejoignant un déjeuner dominical, un anniversaire ou une fête de famille, nous serons pour un moment sortis de l'âpreté du monde social où les relations sont des liens d'intérêt et non de confiance, de sincérité ou d'affection. La famille, même imparfaite, bénéficiera de cette aura : incarner, un temps, la possibilité d'un asile où l'on se repaît de sentiments et d'émotions comme on glane des paroles inutiles et gratuites pour le seul plaisir de parler aux autres.

Or la famille est-elle vraiment un abri apolitique ? La morale qu'elle a générée, la morale familialiste, impose l'union et la cohésion. Cette morale a d'ailleurs été exportée au monde de l'entreprise qui voit en elle la possibilité de fluidifier des rapports et de soumettre en douceur. À l'inverse, la famille exporte aussi en son sein l'univers social et hiérarchisé du dehors. Les politiques familiales déployées par l'État montrent aussi que la famille n'a rien d'un huis clos neutre. La reconstitution des hiérarchies hommes-femmes ou encore adultes-enfants est un reflet de nos vies politiques. L'asymétrie des relations a parfois des effets délétères, comme d'injustes répartitions des tâches – et parfois pire : des agressions physiques et des crimes sexuels. Comprendre que l'intime est politique, c'est comprendre les forces que nous subissons et trouver moyen de les renverser pour libérer nos rapports familiaux.

La famille patriarcale

La famille ne veut pas dire la même chose pour une femme que pour un homme ; parce que la famille occidentale fut pendant des décennies conçue comme patriarcat, le foyer hétérosexuel demeure très largement dominé par la puissance du père. Dans le documentaire *Demain les hommes*, réalisé par Pascale Breugnot en 1979, impossible de ne pas percevoir que le couple et la famille sont des unités politiques où se joue non seulement le partage des tâches, mais aussi les difficiles négociations des libertés et des ambitions. La répartition des tâches ménagères prend souvent la tournure d'un rapport professionnel entre patron et employé. Ce sont les études féministes des années 1970 qui qualifient celles-ci comme « travail » à part entière. Et n'importe quel spectateur de ce documentaire perçoit combien il s'agit moins de partage équitable que d'« exploitation domestique », pour reprendre le titre d'un livre de la sociologue Christine Delphy[41] ; exploitation d'un travail gratuit au bénéfice de l'homme, chef de famille.

La première femme interrogée l'affirme dès le début du documentaire, alors qu'elle se remémore sa vie de couple avec son époux : « Quand il rentrait, je me sentais coupable parce que je n'avais souvent pas fini ce que j'avais à faire. Il avait toujours un nez creux pour tomber sur la chose qu'il ne fallait pas voir. Je ressentais cela comme un rapport – seul le mot de "patron" me vient – comme si j'avais à lui rendre des comptes sur mon travail. » Son époux, devenu plus critique sur leurs rôles respectifs, affirme de son côté : « C'est vrai, elle était un peu à mon service quand j'arrivais[42]. »

Certains hommes ne cherchent pas du tout à aider leur épouse dans les tâches domestiques, et surtout dans l'éducation des enfants. Certaines femmes cèdent, certaines se rebellent et refusent de se plier aux injonctions de leurs maris. La difficulté est énoncée par cette retraitée, précédemment citée : « Celui contre lequel il faut lutter, on l'aime aussi. C'est comme une lutte syndicale, sauf que vous aimez votre patron. » Le couple également, avant son foyer, est une unité où les partages sont en jeu. Au vu d'une telle distribution inégale des fonctions et des représentations, les petites filles se voient enseigner – non verbalement et verbalement – qu'elles devront prendre le relais des mères et devenir des épouses serviables et attentives. Les petits garçons, eux, sont certes déchargés de ces tâches domestiques, mais sont également malmenés par des pères autoritaires ou indifférents. Ils apprendront souvent à les imiter plus tard, répétant, malgré leur époque et les changements, ces schémas de leur enfance. Ce genre de famille apprend tout simplement à tenir des rôles sociaux et ne paraît pas être un lieu de bonheur et d'épanouissement de chacun.

Ce documentaire, ainsi que de nombreux travaux sociologiques et statistiques – comme les rapports de l'Observatoire des inégalités –, apportent un sérieux démenti à l'idée d'une famille harmonieuse et apolitique. L'intime n'est pas un lieu protégé des inégalités et des injustices. Dans le documentaire de Breugnot, nous voyons plusieurs femmes astreintes aux tâches domestiques, à la cuisine, au soin des enfants, et des hommes inscrits dans une vie sociale et culturelle active, distribuant des chèques. Certains hommes justifient cette distinction, à l'instar de Dominique, se défendant de ne pas s'occuper de ses enfants autant que sa femme : « Oui, je pense que c'est plus à la mère de s'occuper de son enfant, de le changer, de le laver, etc., qu'au père. Moi, j'ai l'impression de le faire mal. Et j'avoue que cela ne m'intéresse pas. »

Ces disparités n'ont pas encore complètement disparu et l'Insee révèle que, si les hommes consacrent deux heures en moyenne aux tâches ménagères et domestiques (ménage, courses et éducation des enfants), les femmes y passent trois heures et trente minutes. Nombreux sont les témoignages de femmes qui vont en ce sens, chez mes amies comme chez mes collègues : à l'heure du déjeuner, en salle des professeurs, quatre d'entre elles se réunissent autour d'une table pour partager leurs injustices intimes. Leurs discussions parviennent toujours à attirer le témoignage d'autres femmes de la salle qui les écoutent. Lorsque l'une part au sport, elle prend soin de préparer le dîner de sa famille afin d'anticiper la négligence de son mari. Une autre ne peut jamais compter sur son époux pour assurer les courses ou le ménage. C'est maintenant la troisième qui impose à toute sa famille de prendre le relais ou de partager les séances de ménage le samedi matin. Les enfants sont parfois mobilisés pour soutenir les défaillances de la relation homme-femme.

Elles ne sont pas non plus dupes des stratégies de fuite de leurs conjoints pour éviter la participation aux tâches : l'esquive («Je dois faire une course»), l'argument du travail (qui, mieux rémunéré, justifiera de ne pas participer aux corvées), une procrastination plus ou moins consciente («Je vais le faire plus tard»). On peut ajouter à cette liste ce qui fut décrit sous le terme d'«incompétence stratégique» par le journaliste Jared Sandberg en 2007 dans le *Wall Street Journal*: technique consistant à revendiquer une incapacité à exécuter certaines tâches ou à mal les effectuer pour justifier une dispense. Toutes ces tactiques dissuadent ces femmes de s'acharner à demander le partage égal, ce d'autant plus qu'elles ont parfois l'impression faussée d'un partage égal quand ce dernier ne l'est pas.

*

Cette vie matérielle si inégale a été sérieusement défendue par de brillants penseurs et philosophes. Bon nombre d'entre eux, biaisés par leurs positions sociales, voire maritales, comme par leur époque, n'ont pas su percevoir ces discriminations et les ont même justifiées avec toute l'habileté rhétorique requise. J'en prendrai pour exemples trois grands noms de la pensée occidentale, situés en trois moments relativement espacés de notre histoire.

Aristote, dans son ouvrage *Politique,* consacre la distinction entre sphère domestique et politique, soumettant la première à la seconde, reléguant la femme à l'art de gérer la maison et l'homme à la vie publique. Pourtant, il refuse la comparaison entre la famille et le pouvoir politique, au motif que, si les gouvernants commandent à des citoyens libres, un époux commande quant à lui à des êtres serviles : les esclaves n'ont aucune capacité à délibérer et à réfléchir, quand les femmes ne peuvent pas donner d'autorité ou d'efficacité à leur capacité réflexive, tandis que l'enfant, enfin, la détient sous une forme inachevée. Malgré ce déni, Aristote affirme que « l'administration d'une maison est une monarchie, une famille étant toujours sous l'autorité d'un seul[43] ». Le pouvoir marital est ainsi compris comme un pouvoir politique (gouverner celle qui ne sait pas se gouverner elle-même), quand le pouvoir parental est considéré comme un pouvoir monarchique (orienter ses sujets jusqu'à leur maturité)[44].

Quant à Rousseau, il estime que la société débute avec le modèle de la famille patriarcale ; modèle justifié par des différences physiques entraînant à leur suite des différences morales[45]. Les femmes, parce qu'elles seraient incapables de maîtriser leurs désirs illimités, d'user de leur raison, d'être modestes et ordonnées, doivent être dirigées par des hommes qui sauront, comme père et mari, les aiguiller vers la création et la mise en ordre d'un foyer. Une telle asymétrie fondée sur de prétendues différences physiques, psychologiques et morales absolument injustifiées laisse songeur. Si ces distinctions sont infondées, les conséquences le sont également, et la famille n'est que le résultat d'une décision ; celle de reléguer les femmes hors de la sphère publique, professionnelle et politique afin de la réserver au plus grand bénéfice des hommes.

Enfin, dans l'Occident du XIXe siècle, un grand explorateur de la psyché et de l'inconscient humain comme Freud estime que le mariage avec une femme, s'il vient offrir à la fois une sexualité « garantie » à l'homme et une descendance, contrarie néanmoins son ouverture sur le monde et la culture, car la femme cherche à retarder le départ des enfants et à retenir les hommes au sein du foyer, de peur que leurs activités ne les détournent de leur mariage comme de leur tribu.

*

La famille peut initier à l'inégalité, à l'injustice et même à la violence, et ce d'autant plus sûrement qu'elle la grime du pouvoir de la nature, de l'évidence et de la fatalité. Si nos familles, de génération en génération, ont su construire un foyer autour de la puissance patriarcale, où règne la possibilité de la brutalité physique des hommes envers les femmes, des parents envers les enfants, si elle édifie comme une structure incontournable le fait qu'une femme doit être une mère dévouée à son intérieur et à sa progéniture, alors nos familles et nous-mêmes serons des machines à produire de l'inégalité : dès le plus jeune âge, nous nous habituerons, consciemment ou non, à trouver acceptable de voir les pères quitter la maison et scandaleux de rencontrer des mères qui s'en vont vivre une vie personnelle. Adultes prétendument conscients et modernes, apparemment avertis, lecteurs de littérature sociologique, nous pourrons tout de même rester profondément rétrogrades, reproduisant, sans même nous en apercevoir, ces schémas familiaux et sexistes dans lesquels nous avons grandi.

C'est le thème de la pièce de François Bégaudeau *Le Problème*. Une femme annonce aux siens qu'elle les quitte pour suivre un nouvel amour. La famille se réunit et s'interroge sur le départ d'Annie, cette mère qui décide de se séparer de son foyer pour vivre avec son amant. Malmenée par son mari et son fils de vingt-trois ans, elle tente de montrer que sa liberté ne renie pas son amour maternel et que son choix ne menace guère l'équilibre de sa maison, qui sera bientôt désertée par ses enfants. Comme l'écrit à sa manière Déborah Lévy dans *Le Coût de la vie* : « Quand notre père fait ce qu'il a à faire dans le monde, nous comprenons que c'est son dû. Si notre mère fait ce qu'elle a à faire dans le monde, nous avons l'impression qu'elle nous abandonne[46]. »

Prendre soin, travailler et divorcer lorsque l'on est une femme

L'autorité de l'époux fut très puissante en Occident, et même si l'État intervient pour accorder des droits aux femmes, nous savons que le changement social et culturel exige bien plus de temps pour s'accomplir. Elles sont nombreuses encore à se trouver en situation de dépendance et de soumission affective, sexuelle, économique. La pression d'un « faire famille » est toujours puissante et se trouve dramatisée par un *double bind* : d'un côté, les femmes sont incitées à s'unir et avoir des enfants, seul moyen pour elles parfois de s'élever socialement ; d'un autre côté, elles doivent subir la discrimination à l'emploi lorsqu'elles sont mères de famille ou lorsqu'elles s'absentent pour un congé maternité. De guerre lasse, certaines préfèrent alors démissionner, prendre un travail moins intense et renoncer à une carrière. Pour suivre un homme dont le travail suppose un déplacement, beaucoup se laissent convaincre de réduire leur horizon.

La femme est la première prolétaire, selon Engels, et les recherches sociologiques contemporaines comme celles de Christine Delphy précédemment évoquée en témoignent également : son travail domestique et l'éducation des enfants a un coût, puisqu'il permet à l'homme de travailler et de développer ses ambitions, comme de bénéficier d'un travail gratuit pour l'entretien de sa vie quotidienne. Une épouse qui nettoie, coud, repasse, cuisine, ramasse, éduque permet de se dispenser d'une ou de plusieurs mains-d'œuvre. Pourtant, ce coût fut longtemps passé sous silence, sinon mal évalué et sous-payé. Les femmes au foyer n'ont pas bénéficié de droits personnels à une retraite jusqu'en 1972 au moins. Selon la sociologue américaine Arlie Hochschild, le mariage permet une certaine redistribution des richesses, puisque les hommes entretiennent et paient les femmes pour élever leurs enfants et tenir leur maison. Dès lors, et de ce point de vue, la liberté de divorcer pour une femme peu diplômée ou totalement sortie du monde du travail peut devenir non plus un droit, mais une menace : celle du déclassement social.

Cette menace est d'autant plus sérieuse que, lorsque les hommes divorcent, ils conservent leur salaire mais ne le distribuent plus à leur épouse, car la pension alimentaire pour la charge et l'éducation d'un enfant est d'un prix toujours trop inférieur au coût réel réclamé pour une telle mission. C'est compter sans les versements tardifs des ex-conjoints, qui entretiennent la dépendance économique des femmes à leur égard. Cette précarisation des familles monoparentales composées à 85 % de femmes a suscité la préoccupation des pouvoirs publics et la création, en 2017, d'une Agence de recouvrement des impayés de pensions alimentaires.

Ces femmes, qui passent le cap de la séparation, souffrent encore massivement des manquements de leurs ex-maris, d'un point de vue non seulement économique, mais également éducatif, puisque ceux-ci sont soit investis dans une vie libre, indépendante et affairée, soit dans un nouveau couple. La supériorité des salaires masculins rend toute tentative d'égalisation des conditions vaine, puisqu'en couple ou divorcées, célibataires ou en union libre, les femmes sont encore très souvent dominées par les hommes et, en cela, indûment poussées, pour sauvegarder un niveau de vie décent, voire confortable, à tolérer des inégalités, des injustices et des injonctions. L'inégalité crée finalement ce que le droit ne peut plus cerner ou qualifier, une « menace tacite » de précarisation qui leur fait préférer parfois encore un mariage injuste à un divorce libérateur. En effet, le droit, s'il est un outil de défense des minorités ou des êtres dominés, ne peut pas à lui seul réaliser concrètement la justice entre les êtres si les discriminations sociales, professionnelles et politiques perdurent par ailleurs. La famille ne prémunit jamais une femme, voire la prédispose à vivre cette exploitation – consciemment ou non.

Dans la Rome antique, l'autorité du *pater familias* le rendait tout-puissant à l'égard de son épouse comme de ses enfants. Cette prérogative, si elle n'existe plus juridiquement, peut demeurer culturellement et politiquement comme une trace résiduelle héritée par les familles. Conséquence de la domination masculine, la supériorité économique, l'extorsion d'un travail ménager gratuit et inégal, la puissance paternelle peuvent aussi s'accompagner d'un usage de la violence à l'égard des femmes et des enfants. Le taux de féminicides toujours important en France en est la résultante. Nous le savons désormais, les premières violences ne se jouent pas à l'école ou dans l'espace urbain, mais d'abord en famille. En 2019, 44 % des plaintes pour violences physiques ou sexuelles enregistrées par les services de sécurité concernent des violences familiales[47].

Cette prérogative du patriarche à l'égard de l'épouse comme de l'enfant mit un certain temps avant d'être questionnée. Si Hegel se montre pourtant critique envers le droit romain et sa conception de l'enfant-esclave, si les enfants « n'appartiennent pas comme des choses[48] » aux parents, l'enfant ne peut néanmoins disposer librement de lui-même en raison d'un motif impérieux : l'éducation. Cette mission ne doit pourtant pas se faire dans l'abêtissement de l'enfant, selon le philosophe à qui la pédagogie ludique fait horreur : elle impose à des êtres, très sensibles à leur infériorité, un rappel de leur situation. Les enfants sont certes inférieurs, mais ils ont la volonté de devenir grands, de se hisser à la hauteur de leurs tuteurs et d'acquérir leur liberté.

Commander aux enfants

La famille patriarcale autoritaire est un lieu qui introduit l'enfant à l'apprentissage de la hiérarchie, de la docilité, de l'obéissance, et parfois de la violence. C'est ce que défendit Wilhelm Reich dans *La révolution sexuelle* ou encore *La psychologie de masse du fascisme*. La famille est un lieu étrange où des êtres dits mineurs sont en situation de dépendance et n'ont pas toute leur liberté. Ils sont convoqués au monde et naissent soumis à une autorité légale, celle du parent ou du tuteur, durant un temps variable selon les époques et les pays.

Comment justifier cette soumission à la structure familiale ? Le motif est toujours celui du soin apporté au nourrisson, puis celui de l'éducation de l'enfant, et ensuite de l'instruction de l'adolescent, si ce n'est de sa préparation à la vie de futur citoyen bien intégré dans la société. Pourtant, ce transfert de droits pourrait se réaliser au nom d'autres éléments : de leur vulnérabilité particulière, de leurs besoins propres et du développement de l'imagination, de l'intelligence, de la relation à l'autre, d'une liberté critique, par exemple.

La question de la liberté de l'enfant est délicate, car ce dernier traverse une longue phase de découverte du monde, de construction et de consolidation de ses facultés cognitives, intellectuelles et psychiques[49]. Cette phase nécessite l'insouciance, la liberté, en même temps que la sécurité et le respect, voire l'amour. Les enfants sont toujours perçus comme des petits êtres au seuil de l'humanité dépourvus de raison. L'autorité parentale se trouve justifiée par le devoir d'instruction. Alors que l'ignorance de bien des adultes ne les empêche pas d'accéder à des droits civiques et à l'autonomie, celle de l'enfant se trouve toujours plus sévèrement jugée. Au nom d'un idéal de formation intellectuelle et théorique universelle, qui ne peut convenir à chaque enfant, on impose un même type d'instruction, non sans douleur et sans résultat probant.

Il est inquiétant de lire des philosophes traitant de la famille[50], à l'exemple de Locke, et de constater que la possibilité de l'abus de pouvoir n'est jamais envisagée sérieusement. Cette hypothèse est, au contraire, tout de suite tempérée par des machinations irrationnelles : Dieu encadrerait la puissance parentale en lui inspirant la tendresse et la sollicitude naturelle ! Cette idée fait sourire, au regard des violences dont sont victimes les enfants au sein de leur famille, qui, répétons-le, se présente comme le lieu premier et privilégié des sévices physiques, sexuels et psychologiques. Les enfants, nous le savons bien aujourd'hui, ne sont pas toujours respectés dans leur intégrité corporelle et psychologique, pas toujours autorisés à s'exprimer ou à refuser certaines décisions prises pour eux. La tendresse n'est pas un garde-fou, elle ne va pas toujours de pair avec le respect ou la liberté.

*

S'il peut nous paraître aisé d'accorder une égalité des droits à des adultes autonomes, il peut être plus difficile d'admettre une stricte égalité quand il s'agit d'êtres vulnérables et dépendants : enfants, handicapés, personnes malades ou âgées. Comment les laisser pleinement libres quand ils dépendent d'un autre ? C'est pourtant à leur égard qu'une réflexion doit continuer d'être menée, car l'accompagnement ou encore l'éducation ne signifient pas pour autant de ne jamais questionner l'usage de l'autorité déléguée pour exercer nos missions.

À l'inverse de Locke, Kant met l'accent sur les devoirs des parents envers leur progéniture, la sécurité et le soin. Il le fait eu égard à une tension que nous ne cessons d'exposer dans ce livre : mettre au monde, c'est créer un être sans son consentement. Être parent, c'est créer un être libre. Et cette formule même fait problème, car comment procéder pour parvenir à soigner sans surveiller, éduquer sans tyranniser, sécuriser sans emprisonner, aimer sans exiger de l'amour ? Comment créer sans posséder ? Comment ne rien exiger après avoir peut-être tout donné à son enfant ?

Dans son livre *Love Me Tender*, Constance Debré aborde sa façon d'accepter la liberté de son enfant. Séparée de son fils, Paul, et tenue éloignée de lui par son ex-mari, elle parvient parfois à le voir et à partager des moments heureux. Au fil du temps, elle se trouve néanmoins confrontée au refus de son fils de la voir ou de lui parler. Elle écrit assumer la séparation, voire la rupture avec Paul, respectant sa fin de non-recevoir :

« Maintenant j'envoie des textos à Paul, j'ai son numéro. Parfois il me répond, parfois il ne me répond pas. » Acceptant sa capacité à prendre des décisions et opérer des revirements décisifs, accueillant sa liberté, y compris celle de ne pas la voir, elle écrit plus loin encore : « Bientôt il sera suffisamment grand pour décider de ne plus me voir du tout. Je le laisserai faire. Ou peut-être qu'il en aura marre de son père et qu'il voudra revenir chez moi. On ne sait jamais avec l'adolescence[51]. »

Cette vision peut choquer. Pourquoi ne cherche-t-elle pas à nourrir un lien dont elle est plus responsable que son enfant ? Ce regard, donné après des années de lutte pour obtenir sa garde et entretenir une relation, m'apparaît profondément juste et sincère. Ses mots témoignent d'une révolte sociale et politique aussi bien qu'existentielle – se détacher des biens matériels, des devoirs sociaux et parentaux, comme pour se délester d'un corps et d'une vie trop lourde. Mais cette liberté qu'elle recouvre par la dissidence, elle l'accorde aussi à son enfant, même mineur. Bien des parents ne pourraient concevoir de laisser un enfant décider du lien, considérant qu'il est normal de l'imposer au mineur, sous prétexte qu'il ne peut totalement réfléchir ni sentir ce dont il a besoin et ce qui lui est dû.

*

L'irrespect envers les femmes et les enfants entraîne une frustration, un mal-être, des violences qui fragilisent la famille entière et rejaillissent aussi sur l'homme, comme le remarquait déjà Simone de Beauvoir dans *Le Deuxième Sexe*, qui écrit que « l'esclavage conjugal est plus quotidien et plus irritant pour le mari ; mais il est plus profond pour la femme ; la femme qui retient son mari auprès d'elle pendant des heures parce qu'elle s'ennuie le brime et lui pèse[52] ». Lui se plaindra d'être contrarié par une femme dépendante économiquement, voire obsédée par les tâches domestiques et ses enfants, quand son épouse se trouvera secrètement rancunière de ne pouvoir se dédier à des activités plus utiles ou plus socialement valorisées. Elle se désespérera de voir partir ses enfants – l'une de ses tâches principales et quotidiennes –, et lui se désolera de n'être pas assez respecté par des adultes qui n'ont plus envie de se soumettre à un homme qui fut trop absent, négligent ou autoritaire.

Comme le remarque la philosophe et féministe Susan Moller Okin, les penseurs du contrat social ont voulu justifier la soumission politique à l'État à partir de l'idée d'un pacte entre des citoyens hommes et adultes. Chacun abandonne une part de sa liberté pour obéir à l'autorité et assurer la paix civile. Mais ce pacte a, pendant longtemps, oublié d'inclure les femmes et les enfants. Le monde politique ne concernerait que les hommes, lorsqu'ils débattent entre eux des lois, confortant l'idée fausse que la politique commence au-delà de la chambre à coucher. Qu'en est-il des mineurs, des handicapés, des femmes considérées, juridiquement ou symboliquement, sous tutelle ? Les discriminations et les violences intimes démontrent que le champ familial est politique. Dans sa forme patriarcale et autoritaire, la famille a perpétué des inégalités politiques : une injuste hiérarchie homme-femme et une autorité pure sans justification ni projet existentiel pour les enfants.

Il faudrait repenser le contrat social qui lie les parents et les enfants, les femmes et les hommes, les plus vieux et les plus jeunes. Mais qui pour penser ce contrat ? L'État serait-il à même de s'introduire dans les relations familiales pour les réguler et les ordonner ?

Le rôle de l'État dans la famille

Le fait que mon père ou ma mère aient été sollicités par mon école pour signer un carnet de correspondance, une autorisation de sortie ou d'image signalait déjà, à l'enfant que j'étais, que le rapport qui me liait à mes parents n'était pas strictement affectif. Ils sont aussi des tuteurs et disposent d'une autorité parentale qui, jusqu'en 1970, se trouvait exclusivement réservée au père et s'appelait la « puissance paternelle ». Ma famille est aussi un lieu traversé par des droits octroyés par une puissance politique. L'autorité même de nos parents nous vient de ce qu'ils sont autorisés par l'État. Ce fait simple a déjà été rappelé par le philosophe Henri Bergson dans *Les deux sources de la morale et de la religion*, dès les premières pages :

« Pourquoi obéissions-nous ? La question ne se posait guère ; nous avions pris l'habitude d'écouter nos parents et nos maîtres. Toutefois nous sentions bien que c'était parce qu'ils étaient nos parents, parce qu'ils étaient nos maîtres. Donc, à nos yeux, leur autorité leur venait moins d'eux-mêmes que de leur situation par rapport à nous. Ils occupaient une certaine place : c'est de là que partait, avec une force de pénétration qu'il n'aurait pas eue s'il avait été lancé d'ailleurs, le commandement. En d'autres termes, parents et maîtres semblaient agir par délégation. Nous ne nous en rendions pas nettement compte, mais derrière nos parents et nos maîtres nous devinions quelque chose d'énorme ou plutôt d'indéfini, qui pesait sur nous de toute sa masse par leur intermédiaire. Nous dirions plus tard que c'est la société. »

En somme, les parents ne sont pas spécialement charismatiques ou autoritaires, mais ils sont surtout autorisés à exercer un pouvoir sur leurs enfants. Ce pouvoir leur vient de la société entière, mais aussi de l'État. Ainsi, lorsque la religion avait encore une importance décisive dans notre société, le souvenir du fruit défendu et des colères de Dieu infusaient dans l'esprit des enfants. Aujourd'hui, ce souvenir biblique ne les hante plus autant, mais un poids social et politique pèse toujours dans les injonctions parentales. Certains parents s'aventurent même à menacer grâce au soutien des institutions : « Si tu n'obéis pas, j'appellerai la police. » Cet avertissement qui paraît si désuet était pourtant une parole relativement banale il y a un demi-siècle.

Cette phrase porte une vérité : l'autorité parentale sera soutenue par celle de l'État à travers ses fonctionnaires de police.

*

Non seulement l'État accorde une autorité légale à des adultes sur des enfants, mais il s'immisce aussi dans les rapports familiaux pour les corriger. Eu égard à la violence sociale, dont la famille est parfois un vecteur, l'État peut apporter un correctif, et c'est ce qu'il fait de manière très rythmée depuis les XIXe et XXe siècles, notamment en France. Ainsi, le droit social rappelle en de multiples occasions les liens d'obligations entre les membres de la famille. De même, le droit successoral et le droit de la famille, les politiques sociales montrent que divers secteurs de nos vies de famille sont régentés par la puissance publique.

L'État légifère ainsi sur les unions comme le mariage et le Pacs, mais aussi le concubinage, le divorce, la séparation. Il s'empare de la question de l'héritage, comme du devoir envers les ascendants et les descendants. Il intervient dans la protection de l'enfance et l'éducation. Il se permet même d'intervenir dans la sphère des corps : politique sanitaire, médicale et d'hygiène. Il peut ainsi contribuer à informer les femmes concernant la pilule contraceptive et l'avortement sur lesquels il légifère, à l'exemple de la loi Neuwirth qui établit le 28 décembre 1967 le droit à la contraception et de la loi Veil du 17 janvier 1975 qui établit le droit à l'avortement.

À première vue, nous pourrions regretter de voir nos foyers encadrés et soumis par une puissance extérieure. Ce regret a été évoqué tantôt par des forces conservatrices et traditionnelles cherchant à alerter contre une autorité étatique se substituant à l'autorité du père, tantôt par des minorités ultralibérales regrettant l'ingérence de l'État dans le domaine privé de la famille. Les hommes sont plus critiques vis-à-vis des aides sociales de l'État que les femmes, sans doute parce que, selon les sociologues Lapierre, Attias-Donfut et Segalen, « les femmes sont plus impliquées que les hommes dans l'exercice des solidarités dans toutes les générations. Elles sont aussi plus conscientes de l'importance de l'aide de l'État et des difficultés, pour les familles, à faire face aux problèmes des parents âgés dépendants[53] ». Autrement dit, les femmes sont encore bien plus investies dans l'éducation de leurs enfants, dans l'aide apportée aux parents. Par conséquent, elles savent parfois mieux que les hommes le coût de la vie quotidienne, des soins, du temps et mesurent plus précisément l'avantage de la complémentarité.

À ceux qui redoutent que les aides publiques ne se substituent à la générosité et à la solidarité familiale, les chiffres offrent un démenti intéressant : en France, plus un jeune ou une personne âgée bénéficie d'aides, plus sa famille tend à s'investir pour lui ou elle. Les dons monétaires parentaux vont ainsi compléter des aides sociales comme une bourse, une allocation logement ou une indemnité chômage. Les étudiants peuvent souvent additionner les formes d'aide. Les sociologues précitées ajoutent que «les prestations sociales ont donc une action positive sur l'aide parentale : les parents consentent à accroître leurs efforts […] quand celui-ci [leur enfant] peut bénéficier par ailleurs de bourses d'études ou d'allocation logement[54]». Ainsi, la solidarité sociale entraîne ou encourage la solidarité familiale.

J'y vois encore une deuxième raison : par la législation, les inégalités peuvent se trouver progressivement estompées et contrecarrées. Comme nous l'avions dit précédemment, l'aide financière aux parents isolés, qui sont plus souvent des femmes, dans le recouvrement des pensions impayées est un soutien qui peut permettre d'atténuer une forme de violence économique. Les violences intrafamiliales peuvent être parfois enrayées par la puissance policière et judiciaire, laissant penser à ceux qui les perpétuent que la famille n'est justement pas un pré carré hors la loi ou au-dessus des lois humaines.

*

L'État a un rôle ambivalent. Il peut endiguer la violence, voire la corriger par son intrusion dans la famille, par la poursuite d'objectifs, d'enquêtes et de politiques sociales. Il peut aussi encourager le modèle familialiste, comme si ce dernier représentait un paradigme de bonheur, de progrès et d'épanouissement. Ce n'est pas le cas pour tous les individus. Certains n'ont pas besoin de faire famille en raison du type d'existence qu'ils souhaitent développer et qui convient mieux à leurs dispositions affectives et au type de socialité qu'ils désirent[55].

Or l'État déconsidère celles et ceux qui ne veulent pas vivre la parentalité ou la vie commune. N'est-ce pas lui qui mène des actions publiques en proposant des avantages aux familles nombreuses et une fiscalité favorable aux couples unis par un Pacs ou un mariage ? Ainsi, par exemple, le décret-loi du 12 novembre 1938 crée des allocations familiales qui dépendent de la taille de la famille et non du salaire ou des entreprises.

Ce message, voire cette injonction au couple et à la procréation, est si fort qu'il a donné lieu au très intéressant long métrage *The Lobster* du cinéaste grec Lánthimos (2015). Dans la dystopie proposée par le réalisateur, tout célibataire constitue une menace et se trouve sévèrement stigmatisé, menacé mais aussi exclu. Basculer dans la solitude choisie, c'est alors s'exposer soit à la fuite et à la résistance en marge de la société, soit à l'internement dans un hôtel particulier où il s'agit de trouver l'amour en quarante-cinq jours, sous peine de se voir transformer en animal. L'incapable se trouve expulsé, par l'effet d'une sélection naturelle qui le reconduit aux frontières de l'humain. Le réalisateur pose là encore la question que nous soulevions précédemment : qui est vraiment inclus dans le contrat social ? Est-ce que les célibataires peuvent prétendre, selon la société et l'État, consentir à faire société et à en être respectés, s'ils ne s'allient avec personne en particulier et ne font pas famille ? Les sans-famille sont-ils des menaces pour la construction d'une nation et pour la paix sociale ?

L'État peut relayer les injonctions sociales à faire famille, et contribuer à la stigmatisation de toutes celles et ceux qui n'ont pas de famille ou refusent de faire partie d'un tel groupe. La politique fiscale et même les gestions administratives des fonctionnaires de l'État vont toujours en un même sens unique : l'encouragement à la mise en couple, comme à la reproduction. À ce sujet, distinguons tout de suite deux courants : les natalistes républicains, qui promeuvent la hausse démographique afin d'assurer la pérennité de la nation et de son économie, et les familialistes antirépublicains qui poursuivent le maintien d'un ordre moral, religieux et conservateur dont le pilier serait la famille hétérosexuelle patriarcale. Ces derniers repoussent la considération républicaine et révolutionnaire des droits individuels pour promouvoir le groupe familial inégalitaire et hiérarchisé.

À la veille de la Seconde Guerre mondiale, les cris d'alarme sur la dépopulation vont permettre, une nouvelle fois, d'utiliser la famille comme un levier d'action politique. Ainsi le décret-loi du 29 juillet 1939 institue-t-il le Code de la famille et de la natalité française, qui constitue la première tentative d'une véritable politique familiale en France. Ce code propose par exemple une prime à la première naissance, une généralisation des allocations familiales à tous les travailleurs et un soutien matériel renforcé pour les familles de plus de trois enfants. Des mesures répressives sont également pensées pour sanctionner les atteintes aux bonnes mœurs familiales, comme la diffusion de matériel pornographique ou encore l'avortement.

Le régime de Vichy poursuit ces politiques natalistes en assumant son idéologie familialiste et en créant, le 5 juin 1940, le premier ministère de la Famille française. Dans ses discours, Pétain évoque un droit des familles qui «l'emporte sur les droits de l'État et de l'individu». L'acte du 11 octobre 1940 dit relatif au travail féminin interdit l'embauche des femmes mariées dans la fonction publique et parapublique. La France doit faire place nette aux familles robustes et balayer les couples stériles, les célibataires et les homosexuels. La famille incarne un outil politique pour contrer la révolution de 1789 et son héritage individualiste.

Après cette période contrerévolutionnaire et antirépublicaine, les politiques natalistes n'ont pas totalement dépéri en France. La loi de finances pour 1946 institue, dans le cadre de l'impôt sur le revenu, le quotient familial, afin de privilégier les couples mariés avec enfant. Ces encouragements fiscaux et administratifs ont des conséquences sur la perception actuelle du célibat. Une étude Ipsos, menée en partenariat avec le site de rencontres Badoo en février 2022, rapporte qu'une majorité de français célibataires éprouvent une pression importante vis-à-vis de leur solitude[56].

L'État peut s'immiscer ou bien, au contraire, feindre une indifférence partisane. Face aux inégalités salariales, à l'exploitation d'un travail gratuit et domestique, à l'absence de droits propres concernant une couverture maladie ou retraite pour les femmes divorcées ou veuves, rien n'est fait. Et comme l'écrit bien Christine Delphy, « rien de ceci ne serait possible sans que l'État ne le tolère, qu'il s'agisse de l'absence de droits propres ou de la discrimination sur le marché du travail. [...] La Sécurité sociale paie la couverture maladie des femmes-au-foyer à la place de leurs maris qui exploitent leur travail et, par les pensions de réversion, la retraite des femmes qui "ne travaillent pas", toujours à la place du mari. Tous ces coûts, qui représentent une grande part du fameux "trou de la Sécurité sociale", sont supportés par le reste des cotisant·e·s : les femmes qui travaillent en particulier paient pour aider à l'exploitation des autres[57] ».

De même, à travers ses juridictions et sa police, la puissance souveraine peut se montrer aveugle aux violences intrafamiliales, qu'elles soient parentales ou conjugales. Pendant trop longtemps, et encore maintenant, la police ne fut pas formée à ces types de violences, refusant les dépôts de plainte, dissuadant leur enregistrement. Bien que cette cause soit présentée comme une priorité politique, il demeure que des gendarmes et policiers mis en cause pour des violences au sein de leur foyer demeurent au contact du public et ont la responsabilité du traitement de ces violences. C'est ce dont témoignent la journaliste Sophie Boutboul et Alizé Bernard, victime de violences conjugales de la part de son ex-mari gendarme, dans *Silence, on cogne*.

La morale familialiste

Si dans certaines familles se trouve donné l'ordre de ne pas « parler de politique à table », c'est sans doute pour conforter cette illusion selon laquelle le foyer ne serait pas traversé de rapports de force, ne véhiculerait pas d'injonctions sociales et politiques. La famille détiendrait sa morale propre : la solidarité, le désintéressement et la non-violence. Cette morale familialiste peut d'ailleurs très bien entrer en contradiction avec la morale commune. Si la famille porte une conception du bien comme étant son bien propre, elle peut agir dans une forme d'illégalité, d'immoralité, voire des deux : ainsi en va-t-il du népotisme qui consiste à favoriser les membres de sa famille et à abuser de sa position d'autorité pour procurer des avantages à son clan.

La morale familialiste trouve parfois son extrémité la plus violente dans le système clanique, voire mafieux. Ainsi, dans un film comme *Le Parrain II*, l'injonction familialiste est si puissante qu'elle peut même conduire à exclure, voire à tuer un membre de la famille qui tenterait de sortir de la tribu ou de lui faire ombrage. À la fin du film, Michael, qui a repris l'entreprise mafieuse de son père, ne tolère pas que son frère se soit allié à ses rivaux. Feignant de lui pardonner, il ordonne secrètement de le faire assassiner. Cette morale impose une forme de lien endogamique et d'impossible évasion. Comme le disait Freud, dans *Le Malaise dans la culture*, « plus la cohésion des membres de la famille est grande, plus l'entrée dans une sphère de vie plus grande leur devient difficile[58] ». La petite totalité familiale peut dangereusement se rapprocher d'une entreprise totalitaire, puisque ses membres se voient interdire le choix d'autres valeurs que celles de la famille et une autre conception du bien.

Le commandement de la solidarité familiale est une première injonction de soumission à un groupe d'intérêts, allant parfois à l'encontre de toute morale ou de toute légalité commune. Cette injonction est suspecte, car cette morale de la solidarité va souvent de pair avec une omerta sur les exactions des membres les uns envers les autres, voire à l'encontre des étrangers du clan. C'est ce que nous voyons très bien dans le film *Festen* de Vinterberg (1998). Une famille se réunit pour célébrer les soixante ans du patriarche. Cet évènement est pourtant le moment choisi par le fils aîné, Christian, pour rendre public les crimes de son père : le viol commis sur sa sœur défunte et sur lui-même lorsqu'ils étaient enfants. La violence que le spectateur éprouve est peut-être moins d'apprendre l'inceste que de voir Christian empêché de parler par son frère, sa sœur et d'autres témoins, qui l'attachent à un arbre en bordure de la propriété après l'avoir mis K-O. Dans une sidérante inversion des valeurs, les crimes paternels sont tus avec la complicité de son épouse et d'autres proches.

La morale familiale – la cohésion à tout prix – prend le pas sur toute autre morale : le bien d'un individu, la protection de son intégrité psychique et physique. Comme l'écrit encore la narratrice d'*Héritage et milieu* de Vigdis Hjorth, Bergljot, victime d'un inceste : « Je devins une non-enfant qui menaçait l'honneur de la famille[59] ». Son récit et sa douleur ne persuadent pas le reste de son clan du drame vécu. Comme elle le remarque, le dénouement de *Festen* est un dénouement rêvé qui ne se produit jamais : jamais personne ne détient la preuve des crimes requise et exigée par la famille. Christian détient la lettre de sa sœur jumelle et la preuve de la culpabilité de leur père, ce n'est pas le cas de Bergljot. Ceux qui dénoncent un crime familial souffrent non seulement du crime, mais du deuil de leur famille.

Les injonctions de solidarité sont d'autant plus puissantes pour des êtres reliés par le sentiment d'une dette – celle d'être mis au monde et entretenu – et par des liens fondés sur un passé commun, sur l'habitude et la norme sociale. Ces liens sont rendus remarquablement puissants par le fait que les protagonistes n'osent pas penser qu'ils sont des liens choisis et non des liens naturels, évidents ou incontournables. Il est d'ailleurs intéressant de remarquer que la logique familiale peut être une logique exportée à d'autres groupes sociaux, lorsque des leaders ou des dirigeants veulent s'assurer le soutien et l'investissement de ceux qu'ils veulent auprès d'eux.

Et il vaut la peine de se demander si la servitude volontaire des citoyens ne se rapproche pas de la complaisance familialiste à l'égard d'un groupe que l'on veut voir perdurer pour se rassurer. Ce modèle familialiste peut bien être le fonctionnement de toute entité collective, groupe d'amis ou ligue politique. Les forces politiques les plus autoritaires, voire totalitaires en particulier, souhaitent voir perdurer la famille patriarcale – garante de l'ordre moral – et cherchent à se déployer à la manière d'un clan familial autour d'une figure paternelle et leadeuse. C'est ce que nous voyons dans le précieux documentaire *Le Résolu* de Donfrancesco, sorti en 2021. Un octogénaire raconte son passé adolescent comme milicien fasciste en Ligurie. Enfant mal aimé, abandonné par ses parents, placé à l'Hospice des pauvres, Piero Bonamico s'attache au groupe fasciste «les résolus» comme à une famille et prête parfois main-forte à ses violences et ses exactions alors qu'il n'a que quatorze ans. Son besoin d'appartenance à un groupe au fonctionnement familial prend le pas sur toute morale commune.

L'entreprise peut-elle être une famille ?

Le fonctionnement familialiste, garantissant la force de la subordination des membres – le soutien intégral et la solidarité –, est recherché par d'autres cellules sociales. Outre l'amitié, ou les alliances politiques, l'entreprise peut aussi revendiquer un tel modèle pour assurer la subordination et le soutien de ses salariés. Une nouvelle recrue pourra ainsi se voir accueillie au son d'un « Bienvenue dans notre grande famille ! » et se trouver encouragée à considérer son lieu de travail comme un foyer et son entreprise comme une famille.

Lorsque je l'interroge sur ce sujet qu'il connaît bien, François, un ami, m'explique que sa première embauche a eu lieu dans une entreprise au développement rapide, et qui détient de nombreuses filiales en Asie. La start-up cherchait à compenser son ampleur démographique et géographique par le récit d'une histoire familiale fictive, « Nous sommes tous des écureuils [l'animal fait partie intégrante de l'identité de l'entreprise et n'est donc pas choisi arbitrairement, je l'ai toutefois modifié] », affirmait le directeur général à ses équipes de salariés, n'hésitant pas à se désigner lui-même comme « papa écureuil » afin de renforcer le sentiment de chaleur humaine, de cohésion avec ses salariés. François conclut : « Il s'agit aussi de motiver les troupes à s'investir en les sommant d'aimer leurs collaborateurs. »

Par un management confinant au « nursing », des chefs d'équipe cherchent à créer des liens affectifs parfois intrusifs avec leurs collaborateurs pour rassurer, mais aussi pour mieux contrôler. Héritier du paternalisme d'entreprise, ce management familialiste consiste à renforcer la subordination et la productivité par une attitude apparemment protectrice, réconfortante et néanmoins vigilante. Dès lors, les enjeux productifs du groupe et les moyens d'y parvenir, c'est-à-dire la solidarité, l'investissement personnel, la mise à l'écart de sa propre vie de famille et personnelle, l'exposition de détails intimes sur lesquels le pouvoir dirigeant saura jouer en cas de désaccord, sont autant d'outils au service du management.

Instruments pernicieux pour deux raisons. L'une nous paraît évidente : le transfert de la logique familialiste à l'entreprise a pour effet de développer des liens informels, d'introduire le régime du sentiment – plutôt que celui du respect – dans un lieu qui ne s'y prête pas et ne doit pas s'y prêter. L'entreprise est un régime d'activité qui répond d'abord au besoin de subsistance des personnes et dans lequel elles peuvent être soumises à des liens hiérarchiques. Pour éviter les abus de pouvoir, le Code du travail et les réglementations collectives permettent de fixer des limites et des protections des deux parties ; elles interviennent pour encadrer la durée de travail, les horaires, les modes de contrôle de présence, les congés payés, les informations récoltées, les modes de communication, par exemple. L'encerclement des rapports de travail par des textes ne les empêche pas, comme on pourrait le croire – eu égard à la froideur et la formalité des lois –, mais favorise leur clarté et leur fluidité. Pousser un collaborateur à dévoiler sa vie affective et privée est une manière de fragiliser cet individu en l'exposant sans lien à sa tâche afin de favoriser l'emprise que l'on pourra détenir sur lui.

Aborder les gens par le biais d'une approche familiale en leur donnant l'impression d'être écoutés, compris et aimés est une stratégie redoutable, puisqu'elle permet de faire pression sur la réalisation d'objectifs au nom de la solidarité, voire de l'amour. Ces buts financiers n'apparaissent plus comme de simples résultats chiffrés et intéressés, mais comme des finalités sacrées et communes à tous ceux qui y travaillent. Ce mode de gestion permet de faire croire à l'idée que le travail n'est pas d'abord lié au besoin de subsistance économique et matérielle, mais à l'amour de son entreprise. Et l'amour, voire la passion, ayant pour spécificité d'aspirer le temps de celui qui en est habité, cela conduira le salarié amoureux de son entreprise à s'investir jour et nuit, week-end et jours fériés.

La logique de l'amour se substituant à celle du respect du droit, elle a la commodité d'en effacer les bénéfices. Le droit admet qu'une personne est un sujet de prérogatives et de libertés, et que les individus doivent être protégés contre toute ingérence des particuliers et de la force publique, à certaines conditions bien définies. Autrement dit, si la loi admet qu'un sujet est d'abord intéressé à ses activités et qu'il doit être protégé, le dirigeant familialiste considérera qu'une personne est d'abord un instrument au service de son groupe. Comme le rappelle le sociologue Durkheim, « la société domestique y forme un tout où les parties n'ont plus une individualité distincte[60] ».

Dans l'entreprise familialiste, il s'agit donc de faire passer les intérêts personnels après ceux de l'entreprise en affirmant que ceux-ci sont étroitement liés, voire inséparables. Ainsi, chacun, aimant son patron, son manager ou son équipe, aura à cœur d'en faire toujours plus et de réaliser, au détriment de sa vie personnelle, des heures supplémentaires par exemple. Le leurre est double : d'une part, le salarié ne perçoit pas qu'il accepte un surplus de travail par peur d'être mal aimé et non (comme il le croit) par amour de son travail. D'autre part, ce salarié dévoué tend à oublier que son existence ne se réduit pas à sa sphère professionnelle et que son entreprise ne l'aime pas de manière désintéressée : des intérêts les lient et parfois les opposent.

L'autre risque de la familialisation des rapports, c'est l'infantilisation du salarié. Nouvelle tendance que nous voyons entrer en force depuis quelques années par l'effet des *team buildings* et grands jeux vivants organisés à l'occasion de week-ends de formation. Le management familialiste ne peut, en toute logique, se contenter du rythme de la vie de bureau, mais cherche à s'emparer du temps privé (voire familial) du salarié. Ainsi, les samedis et dimanches peuvent être pris à l'occasion de week-ends d'intégration organisés dans des centres aérés pour adultes, au cours desquels ces derniers sont largement infantilisés, puisqu'ils sont invités à jouer entre eux, du matin jusqu'au soir. Après avoir « teambuildé », bu et ri en compagnie de son directeur général, s'opposer à des demandes abusives, sinon illégales, voire revendiquer un droit sont des démarches promptes à alourdir l'atmosphère et à trahir la bonne entente. Le salarié réclamant un droit ou contestant un projet n'est plus considéré comme un travailleur autonome, mais à la manière d'un élève ou d'un enfant turbulent dont les critiques seront réduites à des caprices ou des révoltes gratuites plutôt que comme une contestation respectable.

L'esprit d'initiative, l'autonomie et la progression sont inévitablement abîmés par une telle considération des jeunes salariés, par exemple. L'idée est toujours la même : pousser celui ou celle qui travaille à rogner sur sa vie personnelle pour servir son entreprise. Mais questionnons-nous : est-on réellement un traître à sa famille si l'on refuse d'aller à un *afterwork* ou à un dîner de famille ? Par ailleurs, la famille est-elle un modèle sain en lui-même lorsqu'elle impose un code moral exclusif de tout autre, qu'elle se montre prête à exiger le sacrifice de ses membres en cas de dérapage ?

*

La famille est une zone de rencontres transgénérationnelles qui reproduit souvent des schémas hérités. Ces archétypes sont proposés par une société, une culture, une époque et sont souvent encouragés par la puissance de l'État – dont le rôle est en réalité complexe et ambivalent. L'attraction que génère la puissance du clan tient à la soumission de ses membres à quelques-uns, si ce n'est à un chef. Ce modèle apparemment efficace pour contrôler les individus traverse aussi bien la cellule familiale, entrepreneuriale que politique.

En ces conditions, si la famille ne reflète parfois qu'un état de fait social, y compris lorsqu'il est injuste ou violent, peut-elle devenir le lieu même des révolutions ? Il arrive que certains êtres, révoltés ou déçus, dénoncent et recommencent autrement. Certains résistent à toute construction familiale, d'autres tentent de construire des familles différentes de celles vécues. Malgré nos velléités d'indépendance, je me suis souvent demandé si nous pouvions réellement repousser notre famille d'origine et réussir à déjouer les normes sociales. Peut-on se distinguer, voire s'émanciper du clan familial ?

Chapitre 3

S'émanciper

«J'éprouve [...] un frémissement devant mon absence de fondement propre.»

P. Ricœur, *Philosophie de la volonté I : Le Volontaire et l'Involontaire*

Par notre naissance, nous sommes projetés dans une existence que nous n'avons pas choisie. Si cette première expérience a pu être commentée, notamment par Blaise Pascal – pour qui nous sommes «jetés dans un coin de l'univers[61]» – ou Jean-Paul Sartre – qui voit en l'homme un être «libre, parce qu'une fois jeté dans le monde, il est responsable de tout ce qu'il fait[62]» –, il ne faut pas manquer de relever combien l'advenue au sein d'une famille est une expérience également troublante. Nous voilà convoqués et accueillis par des êtres inconnus et qui deviendront les coordonnées premières de notre intimité, de notre désir de vivre et de notre capacité à assumer notre existence. J'écris «par notre naissance», et je devrais plutôt écrire «par *la* naissance», car cet évènement n'est jamais de notre fait. De cet instant, nous ne savons rien. Nous n'y sommes pas, ou du moins pas sur un mode conscient et mémorable. Comme le relevait le philosophe Paul Ricœur, nos débuts ne nous appartiennent pas. Nous appartenons à ceux qui nous ont créés et accueillis. Comment aborder cette appartenance dès lors que nous commençons à développer notre conscience, notre connaissance du monde et notre autonomie ?

La famille est le lieu de la dépossession de soi : naître et mourir, c'est être possédé par celles et ceux qui prennent soin de nous. Nous ne naissons pas pleinement libres, puisque nous sommes requis, produits et élevés par d'autres, sans volonté. Heureusement, cette dépendance peut nous sembler enviable et nécessaire, car nous nous sentons vulnérables. La famille doit nous apparaître, coûte que coûte, comme un abri. Malgré tout, et pendant longtemps, nous ne saurons rien des raisons de notre venue et de nos origines : de quel bois mes parents et mes aïeux sont faits, ce qu'ils ont été, ce qu'ils ont traversé, ce qu'ils portent et me transmettent n'est pas lisible. Cela me traverse et demeurera longtemps caché derrière le sourire entendu ou l'inquiétude silencieuse de mes parents.

« L'origine est fuyante », disait encore Ricœur, et nous cherchons parfois à fuir cette origine, à la repousser plus loin encore, dans les limbes du passé et de l'histoire anonyme, pour nous donner une impression, et peut-être une illusion, d'autonomie. Moi-même ai-je fui l'héritage du théâtre pour me fonder par mes propres moyens ? Peut-être était-ce aussi une façon de refuser ce qui m'avait privée de la présence de mon grand-père comme de mon père quand ils partaient en tournées théâtrales. Certaines et certains face à la souffrance vont jusqu'à changer de patronyme, à l'image des écrivains Eddy Bellegueule devenu Édouard Louis ou de Nathalie Dalain devenue Chloé Delaume, dont la métamorphose marque tout autant une rupture avec une origine, une famille et un passé.

Sans changer de patronyme, nous pouvons vouloir nous émanciper d'une famille qui prétend nous détenir parce qu'elle nous a créés et élevés. Mais celui ou celle qui se veut créateur de lui-même ne peut totalement nier qu'il a appartenu à d'autres et même à une histoire. Notre famille, voire notre lignée, nous colle-t-elle à la peau ? Peut-on vraiment advenir comme sujet indépendant, voire distinct de notre clan, par la puissance de nos décisions et de nos choix ? Nous avons beau quitter les lieux, changer de nom ou encore d'apparence, notre famille vit en nous, dans nos gestes, nos anxiétés, nos habitudes et même certaines de nos passions.

L'appartenance génétique

Les familles cherchent souvent les appariements. Même ceux qui se trouvent hors du cercle familial les guettent : « Qu'est-ce que ton père ressemble au sien ! » ai-je souvent entendu, ou encore «Ta sœur et toi, vous avez la même voix et la même façon de parler». Ce jeu des ressemblances, personne ne semble pouvoir y échapper. Il y a toujours quelqu'un pour vous rappeler que vous n'êtes pas unique. Un air, des yeux, un rire font lien. Certains croient que l'appariement génétique donne une force supplémentaire à la parenté, mais aussi une légitimité, comme nous l'avons vu au chapitre précédent. Pourtant, la ressemblance se construit aussi largement par l'expérience commune, par la vie passée ensemble, par le mimétisme ainsi qu'en témoigne l'histoire de Sophie et Manon, mère et fille par le vécu et l'amour – sans l'être biologiquement. Les couples aussi, à force de se fréquenter, finissent par adopter des manières de parler, de bouger ou de percevoir le monde qui leur sont communes. Les airs de famille semblent innés, d'autres se construisent. Difficile de démêler le naturel et l'acquis.

La notion de ressemblance est délicate, parce qu'elle comporte une importante interprétation subjective. Il arrive que certains traits et gestes soient indubitablement communs et s'observent par une large majorité de personnes. Plus fascinant encore, il arrive que nous portions des traits communs à deux lignées, et que ces similitudes apparaissent successivement et parfois simultanément, comme lorsque ma sœur me rappelle les yeux de ma mère tout autant que le sourire de mon père. Mais pourquoi cette quête ? Je cherche aussi les ressemblances physiques ou les signaux d'affiliation, sans comprendre ma motivation. Est-ce là une habitude sociale, un jeu esthétique et ludique ? Il est clair que cette quête peut très bien se trouver nourrie d'une conviction que la parentalité est engagée par le lien biologique, comme nous l'avons évoqué précédemment. Peut-être devons-nous également admettre que ces signaux d'appartenance génétique fascinent parce qu'ils montrent que l'infini des combinaisons se trouve à la portée de deux êtres finis. En outre, le renvoi à une matrice commune – malgré les séparations, les ruptures et les décès – peut aussi rassurer une espèce humaine instable et dont le passage sur terre est fugace.

Il est sans aucun doute plus troublant encore d'observer des ressemblances innées avec un parent qui fut pourtant lointain, absent, parfois inconnu. Cette façon de dormir qu'a mon cousin Henri, les bras en l'air, comme notre grand-père paternel, personne ne peut expliquer pourquoi elle le traverse et pas son frère jumeau, Louis. Pourquoi un enfant semble détenir des gestes d'un grand-père, sans même l'avoir vu et observé ? La génétique a quelque chose à nous dire, malgré tout. Comme le révèle une récente étude de l'Académie nationale des sciences aux États-Unis, cette ressemblance génétique peut même concerner nos amitiés : les gens auraient tendance à choisir des amis dont ils sont proches génétiquement. Ainsi, « d'une certaine manière, nous parvenons, parmi une myriade de possibilités, à choisir comme amis des gens qui ressemblent à notre famille », décrypte Nicholas Christakis[63]. Cette déclaration peut signifier bien des choses :

que notre famille influe considérablement sur nos choix affectifs, mais aussi que nos affinités ont à voir avec un partage génétique.

*

L'appariement génétique ne peut pas être nié. Comme l'écrit Chloé Delaume, « mon ADN ne change pas, j'ai beau me concentrer, rien ne se modifie[64] ». Il nous reconduit à un groupe, qui ne sera peut-être pas une famille de cœur, et nous impose une appartenance indéracinable. L'autrice Dani Shapiro livre à ce sujet un témoignage très profond. Blonde aux yeux bleus, enfant de Paul Shapiro, membre important d'une communauté juive orthodoxe et new-yorkaise, celle-ci rapporte qu'elle a toujours perçu son étrangeté physique vis-à-vis de sa famille sans s'en inquiéter outre mesure. Dans *Héritage,* elle raconte comment elle envoie, par jeu, poussée par son compagnon Michael, un kit test ADN. Elle apprend qu'elle n'est pas la fille biologique de son père défunt. Sa mère n'étant plus de ce monde, elle se lance alors dans des recherches éperdues pour comprendre la démarche de ses parents, qui, las de ne pas arriver à avoir un enfant, se livrent à une expérience à peine nouvelle en 1976 : la fécondation à partir d'un don de sperme.

Le donneur ne demeure pas très longtemps anonyme pour Dani Shapiro, qui le retrouve à force de recherches sur internet. Pour l'autrice, malgré toute la vénération et l'amour qu'elle porte à son père adoptif, la quête de ce donneur demeure une obsession. Elle y assume l'idée que ce père génétique représente une part d'elle-même comme de son fils. Méditant sur la question philosophique de l'identité, il lui semble évident de considérer que ce lien de sang n'est pas insignifiant ; le retrouver, c'est s'emparer d'une part de son origine, qui la façonne à son insu. Retrouver son donneur est une expérience hautement improbable. Dani Shapiro n'est pas la seule à rechercher cette origine biologique, puisque bien des gens « se sont fait tatouer le numéro d'identification du donneur anonyme, afin de se relier physiquement au seul indice qu'ils possèdent[65] ».

Lorsqu'elle retrouve la trace de son père biologique et tombe sur sa photographie, elle se trouve saisie par la ressemblance physique, que lui confirme son compagnon : « Je voyais ma mâchoire, mon nez, mon front et mes yeux. J'entendais quelque chose de familier dans le timbre de sa voix. Ce n'était pas juste une ressemblance. Cela relevait plutôt de la qualité. Sa posture. Ses intonations[66]. » Cet homme, pourtant inconnu, avec lequel elle n'a jamais vécu, parle à son auditoire d'une certaine façon qui saisit l'autrice, également conférencière : elle repère des affiliations non seulement physiques, mais gestuelles. En le rencontrant, elle n'aura pas le sentiment de trouver un père, mais de retrouver un « pays natal ». Terre d'exil, inconnue et sans mémoire, qui l'aura pourtant bâtie.

Une large part de son identité lui provient de cette éducation juive, de cette histoire familiale qu'elle apprend à connaître durant son enfance et son adolescence. Une autre lui vient de ce donneur qu'elle rencontrera adulte, lui permettant de compléter son sentiment d'identité. Mais le mimétisme a autant sa place que le rejet de sa famille dans l'édification d'une personnalité : «Il y a tant de façons de faire que j'ai adoptées en réaction à celles de mes parents. J'ai toujours été consciente de m'être construite en opposition à ma mère. Mais je ne m'étais jamais rendu compte à quel point j'avais façonné notre vie de famille en prenant le contre-pied de mes propres souvenirs. [...] La maison de mon enfance était protocolaire et froide. Celle où je vivais depuis quinze ans avec Michael et Jacob était simple et chaleureuse[67].»

Nous sommes le produit de mondes pluriels, nous qui nous trouvons au confluent de deux histoires au moins. Les ferments de notre identité, acquis ou génétiques, ne sont pas tout à fait immuables ; certains traits et certaines tendances transmis, observés, rejetés dépendent aussi de nos désirs et de nos enquêtes. Désir d'identification à un grand-parent maternel que l'on admire, mimétisme d'une tante paternelle qui s'est beaucoup occupée de nous, curiosité pour ce grand-oncle dont les manies ou le silence questionnent, rejet inexpliqué pour cet autre-là qui semble étrange et menaçant. Ce qui nous conduit à l'adoption ou au rejet des lignées, des individus est souvent irrigué par des interrogations venues de silences ou de mots inexpliqués, de craintes ou d'irrésistibles attirances, de soins prodigués ou de coups reçus. Mais ce processus long et toujours reconduit, réactualisé à divers moments de la vie, par lequel on adhère ou s'éloigne, enquête ou fuit, peut certainement caractériser notre style d'être, voire notre destin.

Une impossible distance ?

Il est difficile de se distinguer des siens pour affirmer son individualité et même sa personnalité. Cette différenciation n'est d'ailleurs pas toujours assurée par la seule capacité à quitter le foyer et à devenir indépendant économiquement. Le besoin de quitter ses parents et sa famille peut aussi se trouver accompagné, sur une voie parallèle, du désir de s'en rapprocher. Parfois, nos départs sont aussi de discrets retours vers nos origines : soit parce que nous reconstituons des lieux à l'image de ceux que nous avons fréquentés, soit parce que nous retournons réellement à ces espaces qui ont façonné notre enfance. Gaston Bachelard l'exprime avec majesté dans *La Poétique de l'espace*, lorsqu'il expose comment les espaces vécus, ceux de l'enfance notamment, gouvernent notre imaginaire et structurent notre mental.

Moi qui rêve si continuellement à une maison de mon enfance désormais perdue, j'ai plusieurs fois senti combien ce lieu rêvé me rappelle mon attachement au passé et à une part de ma famille avec laquelle je n'ai pourtant plus de lien. Cette maison maternelle sarthoise et son organisation traduisent la disposition d'un territoire interne, celui de mon inconscient, de mon imaginaire, de mon passé. Il y a ce salon dont la cheminée demeure pour toujours un lieu de réconfort, hors du temps, dans lequel je me réfugie, mais également cette salle de jeux près d'un grenier qui demeurera celui de la fuite et de l'imaginaire avec mes frères et sœurs ou mes cousins et cousines. Il m'arrive encore parfois de rêver à cette chambre parentale feutrée et silencieuse où je sens toujours la présence d'un couple qui me fascinait par son apparente solidité.

Je voyage souvent, par la mémoire ou par le rêve, dans ces lieux familiaux, rendant si vivante et vraie cette phrase de Bachelard : « c'est parce que les souvenirs d'anciennes demeures sont revécus comme des rêveries que les demeures du passé sont en nous impérissables[68] ». C'est moi qui deviens le fantôme d'une histoire familiale plus solide et plus enracinée que les vies humaines disparues, que la perte des lieux ou que mes velléités de rupture. Une maison de famille ancrée dans mon inconscient et la structure de mon esprit me dépasse, me rattrape et m'enracine malgré moi. Ce n'est pas ici la preuve d'une nostalgie que je veux donner, mais celle de la puissance d'un *topos*, d'un lieu de vie commune auquel se sont noués des symboles et des représentations.

Il arrive aussi que ce retour vers un foyer familial ne soit pas qu'un trajet de l'imagination mais une histoire réelle, comme le rappelle le récit radiophonique de l'agricultrice Alice Beauchet, recueilli sur France

Culture[69]. Après avoir quitté le lieu de son enfance et de son adolescence, le Beaufortain – où se situe également l'entreprise familiale tournée autour du fromage promu dans cette région –, se sentant différente de sa famille et de sa fratrie, cherchant à marquer cette dissidence par des choix d'études et de vie à contrecourant, elle se rapproche pourtant de ses origines.

Je l'entends dire : «Je n'étais pas tout à fait dans le moule de ce que l'on attend des enfants du Beaufortain. C'est en partant du Beaufortain, en vivant à Grenoble puis à Paris, en vivant quelques mois au Pérou que je me suis rendu compte que ce qui comptait pour moi c'était ma racine, ma famille, ma famille depuis qu'il y a des agriculteurs dans le Beaufortain.» Elle prend alors la décision de rentrer non pas seulement en France, mais au cœur même de sa famille et de l'entreprise familiale, pour accepter cet héritage et le faire fructifier. Je comprends ce mouvement d'éloignement, de fuite qui reconduit au lieu même de la transmission.

*

J'ai vécu ce genre de détour. Pour ma part, j'ai longtemps fui le théâtre. Enfant, j'ai vu une partie de ma famille paternelle habitée et accaparée par cette passion : mon grand-père Michel en premier lieu, mais également mon père Jean – auteur dramatique devenu plus tard comédien et professeur de théâtre –, comme ma grand-mère paternelle Annette – qui rencontra mon grand-père en préparant le conservatoire et dont on me raconta souvent l'incroyable prestation dans *George Dandin* de Molière, dans les années 1950. Par une révolte adolescente, il me fallait me dissocier de cet héritage exorbitant. Je me souviens de cette opposition, qui signifiait peut-être aussi ma blessure contre l'absence de mon grand-père, mais aussi et surtout de mon père qui finit par jouer au théâtre à son tour, lorsque j'avais sept ans. Tous deux étaient accaparés par la scène, les tournées, ici et ailleurs. Le théâtre était à la fois un terreau familial et un empêcheur de faire famille : entravant la proximité et la présence, il était pourtant, indéniablement, notre lien et notre langage.

Si mes parents m'emmenaient très jeune assister aux répétitions de mon grand-père ou l'écouter sur scène au milieu du public, cette tradition fut maintenue adulte, lorsque mon grand-père nous invitait, mon frère, ma sœur et moi-même, à le suivre lors de tournées estivales. C'était là notre seul moyen de passer des vacances ensemble. Je percevais le rythme et l'intensité de ce métier comme l'« esprit de famille » qui règne au sein d'une troupe – supplantant parfois la famille laissée ailleurs : solidarité, affection, vie commune et quotidienne. La vie ensemble efface les individus et néanmoins les rassure. De quoi ? Contre la mort que l'on vit toujours seul et à la première personne.

J'observais néanmoins plus concrètement pour quelles raisons ce métier était incompatible, non pas avec une famille, mais avec la sédentarité d'un foyer.

J'observais d'un œil discret et attentif cette vie-là. Je commençais mes études de philosophie bien décidée à tracer ma route. J'ai pourtant éprouvé, un jour, l'irrépressible désir de suivre l'enseignement dramatique de mon père et de mon grand-père au sein du cours qu'ils animaient au théâtre du Gymnase. Le théâtre ne fut peut-être qu'un prétexte pour me trouver auprès d'eux et nouer une intimité plus forte. Prenant mon courage à deux mains, je m'y suis présentée un après-midi. *Incognito* en un premier temps, soucieuse de ne pas dévoiler mes liens de parenté afin de travailler plus librement avec les autres étudiants. Je ne quitterai pas leur enseignement durant deux ans.

Outre le plaisir de la scène et du texte, j'éprouvais combien ce métier se trouvait relié à la recherche «en acte» d'une vérité – autant que le métier de philosophe, si ce n'est davantage. J'observais combien le chemin que j'avais décidé de prendre n'était pas si opposé à celui de ma famille, comme je contemplais les multiples cercles de transmission à l'œuvre : celle entre mon grand-père et son fils, entre eux et leur classe, entre eux et moi. Transmission du désir originel, celui de mon grand-père, de dire des textes écrits par d'autres, en cherchant des heures durant la profondeur d'une intention de tel ou tel personnage. Je me suis surprise à devoir admettre que cet héritage était aussi le mien et qu'il me fallait le recevoir d'eux avant qu'ils ne disparaissent. Ce qui me paraissait au plus loin de moi n'était que la part la plus intime de mon être. Nos fuites sont parfois des esquives de nous-mêmes, qui prennent pour trajectoire les lignes de l'intime.

Devenir soi

Il me paraît tout aussi intéressant de mettre l'accent sur cette manière dont l'individu se trouve être, malgré lui, à la fois un *syncrétisme* – c'est-à-dire un carrefour de flux divers et variés – et une *idiosyncrasie* – c'est-à-dire une personne à part entière et distincte des autres. En somme, un être ajoute un supplément d'âme à toutes celles qui le hantent. Comme nous venons de le voir, la famille peut conférer, consciemment ou non, un ensemble de caractéristiques communes et participer de la notion d'identité personnelle. Cependant, ce type d'identité n'est jamais immuable. Certains désirs se réalisent et nous quittent, d'autres finissent par nous lasser, car nous percevons qu'ils ne nous appartiennent pas vraiment. Nous pouvons très bien, au gré des rencontres et d'expériences nouvelles, d'évènements et d'accidents, adhérer à d'autres convictions, mimer d'autres personnes.

Que j'adhère ou que je rejette le terreau familial, je peux dire que la famille aura fourni la base de mon identité personnelle, par adhésion ou rejet, réitération ou déconstruction. Certains débutent leur vie dans l'identification profonde à leur famille, puis dévient par un caractère fondamentalement différent. Ces déviations sont parfois comiques, à l'image de *L'Aile ou la Cuisse*, film de Claude Zidi (1976) dans lequel Gérard, le fils de Charles Duchemin – grand éditeur d'une revue gastronomique – aspire à devenir clown de cirque quand son père ne rêve que de lui transmettre son métier.

Si une partie de mon passé comme de ma mémoire – de ma naissance à mes premières années –, de mes idées et de mes rites se trouve héritée – adoptée par opposition –, qu'est-ce qui m'appartient en propre et me distingue ? C'est peut-être l'usage de ma conscience et de ma volonté, selon René Descartes. Ma parole donnée à l'autre et le récit que je décide de produire de ma vie, préfère Paul Ricœur. C'est encore ma responsabilité pour autrui, selon Emmanuel Levinas. J'aime ces trois options, car elles répondent à la question de savoir « qui » je suis en exposant ce qui me fait être distinct de tous les autres – insubstituable.

*

Certaines ou certains sont au plus loin de cette fabrication de leur singularité, parce qu'ils se reposent uniquement sur l'identification à leur clan ou à ce que leur clan exige d'eux-mêmes, incarnant très bien la poursuite d'un faux-self ou ce fantôme d'ego dont parlait Nietzsche au § 105 d'*Aurore* : « La plupart des gens, quoi qu'ils puissent penser et dire de leur égoïsme, ne font rien, leur vie durant, pour leur ego, mais seulement pour le fantôme de leur ego qui s'est formé à leur sujet dans l'esprit de leur entourage avant de se communiquer à eux.» La famille, cet entourage originel et intime, peut contribuer à susciter en nous des ressemblances par identification, par la poursuite d'un amour réconfortant, par la peur de l'indépendance, par la crainte de récuser ce qui nous a initialement accueilli et formé. Elle peut aussi, sans projet spécial, et malgré nos désirs de fuite, communiquer un arsenal d'inquiétantes familiarités.

Si je parle d'inquiétante familiarité, par opposition à *L'Inquiétante Étrangeté*, l'essai de Freud paru en 1919, au sujet des effets de notre inconscient, c'est parce qu'il arrive que, malgré nos tentatives de distinctions, nous soyons confrontés à vivre une proximité parfois troublante avec nos parents. Ainsi, Édouard Louis peut, au cœur de son œuvre autofictionnelle, à la fois revendiquer d'irréversibles rejets de sa famille, de son éducation et de ses goûts familiaux, et se montrer conscient, voire nostalgique, de liens de ressemblance avec ceux dont il fuit la violence. Dans *Qui a tué mon père*, il raconte comment sa mère, le surprenant à danser seul dans sa chambre, lui rapporte la frappante ressemblance entre lui et son père. Et ce parallèle lui paraît incongru : «Que ton corps ait déjà fait quelque chose d'aussi libre, d'aussi beau et d'aussi incompatible avec ton obsession de la masculinité m'a fait comprendre que peut-être tu avais été une autre personne, un jour[70].»

De même qu'en retrouvant une photo de son père travesti ou en le surprenant à pleurer devant un opéra, l'écrivain perçoit combien ces gestes rares et opposés au virilisme revendiqué par son père – fondé sur le refus de la sensibilité associée à la féminité – sont sans doute ce qu'il a hérité de cet homme, pourtant si différent de lui. Sans que cela ne soit jamais exposé par l'auteur, le lecteur peut néanmoins saisir cette secrète filiation se dessinant entre le père et son fils. Les limites imposées par notre famille peuvent s'avérer cruciales pour notre libération et prennent parfois le visage d'affinités cryptées.

Malgré des influences évidentes sur notre identité (nos caractéristiques communes, acquises ou innées), voire sur notre singularité (notre capacité à choisir des valeurs, à porter des désirs et les ressources pour les accomplir), la famille ne peut totalement nous posséder, par ce fait que nous sommes des êtres capables de conscience, de connaissance et de libération de nos déterminismes. Cette façon d'être soi avec les autres, d'y revenir et de l'observer, de subir les évènements mais aussi d'initier des actions, cette capacité d'engagement dans la réalité et de réalisation de notre désir peuvent nous aider à transcender les influences et les appartenances pour devenir quelqu'un.

Conquérir son autonomie

La famille n'a pas seulement vocation à accueillir et à transmettre, mais à élever de sorte que les enfants détiennent les capacités et les ressources de devenir autonomes. Cette institution a pour difficile et étrange tâche d'éduquer à la séparation. Cette dette – élever à l'autonomie – est plus lourde que la dette infantile, le respect dû au parent. Le don ultime, dans l'économie du monde, est celui des parents envers leurs enfants. La famille se trouve à la jointure du faire-venir et du laisser-partir. Double mission contradictoire, si ces deux formules sont prises ensemble, mais non si elles sont envisagées dans le progrès du temps. L'ambivalence de la famille se situe en large part ici, et l'enfant devenu adulte semble également habité par cette équivoque le poussant à se réfugier auprès de sa famille autant qu'à la fuir.

Nés au milieu de tous, nous avons pour histoire de devenir quelqu'un. Sans contester les liens de dépendance réciproques qui définissent tout être vivant en société, nous avons pour vocation de conquérir notre autonomie et de nous départir de cette appartenance infantile vis-à-vis de notre famille. Cette singularisation passe par le sevrage de l'amour parental, mais aussi, plus largement, par l'acceptation d'une séparation d'avec ceux que l'on aime : frères et sœurs par exemple, avec qui nous sommes élevés. Que veut dire la séparation ? La mise en perspective, parfois critique, de cet autre que l'on aime. Pouvoir user de sa propre réflexion et expérience pour développer sa vision du monde, de l'existence et adhérer par soi-même aux valeurs léguées ou non. Se séparer implique aussi la capacité à aimer tout en vivant son existence à part, pour soi-même, parfois loin géographiquement, à déployer son itinéraire, comme à assumer des projets.

Le besoin de séparation peut s'exprimer à l'égard de sa famille, du couple parental comme de ses frères et sœurs. Il peut se jouer par le refus de la ressemblance, dont le danger a été exposé au chapitre précédent. Je me souviens avoir souvent lutté contre ma mère qui ne cessait de vouloir nous vêtir à l'identique avec ma petite sœur, pour créer une forme d'appariement visible entre nous. Cette course au mimétisme, loin de nous rapprocher, exaspérait nos tensions. Le cas des enfants jumeaux atteste d'ailleurs avec bien plus de force l'enjeu de la distinction au cœur de l'attachement affectif. Certains psychologues et thérapeutes comme Guy Scharmann témoignent de cette demande d'individualisation chez les couples gémellaires, habitués au partage génétique, éducatif, comme à celui des vécus et des habitudes : « Si ceux-ci [les parents] nous demandent de les aider et d'aider les jumeaux à s'individualiser au moment où la fusion devient insupportable, leur attitude passée a souvent contribué à renforcer le couple gémellaire, à accentuer les ressemblances, en écho à leurs enfants qui longtemps ont eu plaisir à fusionner[71]. »

Si le couple parental peut accentuer la ressemblance dans les fratries, les enfants – jumeaux ou non – cherchent la dissemblance pour affirmer leur existence claire et distincte de celle des autres. Comme je l'ai dit plus haut, j'ai longtemps tenté durant mon enfance d'imposer ma différence avec ma sœur. Mais, n'y arrivant pas toujours, je finis par rechercher non plus la distinction mais la séparation par une mise à distance parfois brutale. Pourquoi ? Les recherches du psychologue et universitaire français René Zazzo m'ont éclairée sur ce rejet injuste que je dus lui infliger. Selon lui, la vie commune pousse à se différencier, mais cette différenciation n'a pas pour effet de séparer les êtres. Elle les installe dans un rapport de complémentarité. Il observe même un « effet de couple » entre les personnes qui vivent ensemble, de sorte que la vie à deux porte les êtres à occuper des fonctions et rôles différenciés. En fin de compte, la différenciation ne renforce pas la séparation mais la complémentarité, voire la dépendance. Le problème des fratries, et d'autant plus des jumeaux monozygotes, consiste donc dans le défi douloureux de s'aimer, de se ressembler et de chercher à se séparer.

*

Les parents sont rarement en mesure d'accepter pleinement cette réalité du départ. Ils vivent ces séparations comme des ruptures, voire des trahisons. Les mères en particulier : si elles se sont dévouées au soin de leurs enfants, plus encore lorsqu'elles sont mères au foyer, elles voient s'éloigner une raison d'être utiles et satisfaites d'elles-mêmes. C'est ainsi que le personnage fictif d'Anne-Marie dans *Le Dernier Enfant* de Philippe Besson ressent le départ de son dernier enfant comme une trahison : « La vérité, c'est qu'elle pense à tout ce qui se joue en dehors d'elle, tout ce dont elle est exclue, tout ce que son fils ne lui confie pas[72] ». Pour cette raison, *Le Deuxième Sexe* de Simone de Beauvoir mettait en garde contre le risque de ne tenir en sa vie que la seule position de mère : la frustration et l'impuissance inévitablement indexées sur les années qui passent. Une injonction paradoxale les traverse et les violente : élever un enfant et lui refuser l'indépendance. Injonction tantôt résolue par l'aliénation de l'enfant qui ne peut la quitter, ou de celui qui accepte de porter la culpabilité de la vie séparée.

Il existe pourtant des femmes investies ailleurs que dans leur foyer qui ne supportent pas le départ de leurs enfants. Ainsi, la réalisatrice Lisa Azuelos raconte dans une interview : « Mes deux aînés avaient déjà quitté la maison, [...] et lorsque ma fille de 17 ans [...] a décidé de partir étudier au Canada, j'ai ressenti ce vide. Pendant vingt-cinq ans, je m'étais investie à fond dans ma fonction de mère, et d'un coup, tout un pan de ma vie n'existait plus, il fallait que je me réinvente un nouveau moi[73]. » Ce syndrome « du nid vide » est pourtant symptomatique d'un autre type d'investissement des parents, et plus spécialement des mères : on peut être mère travailleuse et ne se sentir vraiment utile que par sa maternité. Comme si un invincible besoin de reconnaissance ou d'affection se jouait dans le rapport à l'enfant, devenu le support d'un soutien ou d'une carence originelle.

Il faut dire que les années passées ensemble, dans une cohabitation intime, poussent à s'identifier à sa progéniture, de sorte que sa désertion résonne comme l'évidement de l'identité : qui suis-je, sinon ce rien, ce silence des lieux ? Tel est le délicat chemin de la vie familiale : ne pas désapprendre la solitude. Assumer la séparation, chemin nécessaire pour un adulte, un couple comme un enfant qui ne peut, sans cela, acquérir son être, c'est-à-dire une existence à soi et pour soi. Celles et ceux qui le refusent « puisent dans ces sacrifices le droit de dénier à l'enfant toute indépendance ; ce renoncement se concilie facilement avec une volonté tyrannique de domination », rappelle Simone de Beauvoir[74]. L'abus du pouvoir parental diminue à la fois le parent abuseur et l'enfant abusé. Si les enfants cherchent à sortir des limites du foyer, si la vie d'un enfant se tourne vers l'avenir singulier et non le passé commun, alors être parent signifie surtout savoir affronter la dépossession. Telle est l'histoire paradoxale de la vie de famille : accueillir pour apprendre à quitter, se réunir en acceptant la séparation.

Les faux départs

La séparation géographique n'est pas la garantie de cette distanciation par laquelle, enfants ou jeunes adultes, nous cherchons à obtenir une indépendance économique, sociale, affective, intellectuelle. Certains départs géographiques peuvent même échouer. J'ai toujours été fascinée par les départs manqués, et tout particulièrement par l'histoire des Bouvier Beale, mère et fille. Leur histoire est filmée et relatée par le documentaire *Grey*

Gardens, réalisé par David et Albert Maysles en 1975. Edith Ewing Bouvier Beale était la tante de Jacqueline Kennedy-Onassis. Mondaine américaine, chanteuse et excentrique, née à la fin du XIXe siècle, elle est également l'épouse d'un avocat et financier dont elle eut trois enfants, deux fils et une fille.

Après sa séparation en 1931, elle conserve le manoir de Grey Gardens, situé à East Hampton, et la garde de ses enfants. Ses fils grandissent, mènent des études universitaires, participent à la Seconde Guerre mondiale, et finissent par partir et fonder leur foyer. Sa fille aînée, Edith, dite « Little Edie », quitte également sa mère, mais finit par revenir, cinq ans après son départ, au manoir de Grey Gardens pour y vivre avec sa mère isolée – déchirée entre le désir de construire sa propre vie et celui de ne pas laisser seule Big Edie, comme elle l'appelle. Les deux femmes mènent une existence singulière : désargentées, isolées, elles s'enferment dans un quotidien hors du monde et du temps. En 1971, la police se trouve alertée par le voisinage : le manoir se délabre et se transforme en vaste amas de détritus, terre d'accueil de ratons laveurs, d'écureuils et de chats. Les deux femmes vivent de solitude, de chants et de danse ; elles s'habillent d'une manière excentrique et se nourrissent de chamailleries comme d'une affection indéfectible. Elles partagent la même syllogomanie, les conduisant à ne rien jeter et à accumuler tout objet qui entre dans la demeure familiale, témoignage de leur incapacité à laisser derrière elles le passé.

Le cas de Little Edie est une extrémité fascinante, car elle évoque cette tentation profonde de l'enfant resté en nous, loyal à ses parents, vulnérable, hésitant à franchir le seuil de la porte de l'intime et du passé. Il est des fuites qui reconduisent parfois au point de départ, comme celle d'Œdipe qui, éloigné de son père biologique, Laïos, finira par le rencontrer et le tuer – accomplissant ainsi l'oracle tant redouté. Sans revenir au berceau de l'enfance, des choix de vie comme des évènements vous reconduisent à des schémas familiaux, qui forment alors un legs incontournable, insondable et bien présent.

C'est un héritage qui vous convoque et vous rappelle une filiation. Ce peut être un mariage qui se présente comme la réitération de précédentes alliances : épouser un militaire comme sa mère, sa grand-mère et son arrière-grand-mère, sans le vouloir, sans le désirer comme une préférence personnelle. Ce peut être également un emménagement dans une zone géographique où vos ancêtres ont vécu cinquante ans auparavant, sans le savoir, comme cela m'est arrivé. On a beau tout ignorer, ou chercher à faire différemment, sinon à contrecourant, la famille et son histoire nous enserrent. Tout se passe comme si le système familial formait un tout solidaire et sous-jacent à tous les individus, malgré les époques et les lieux différents, capable de se manifester par des réitérations ou des réminiscences impromptues. La famille ressemble alors à un thème mélodique dont les membres ne seraient que des séquences, voués à reprendre les mêmes accords.

Les répétitions familiales

Ces réitérations interrogent. Si les plus heureuses semblent attester une admiration pour celui ou celle qui a réussi, sinon pour un désir ou une attitude que nous avons pu trouver particulièrement désirables à notre tour, elles sont plus inquiétantes lorsqu'elles sont douloureuses, voire tragiques. L'analyse transgénérationnelle ou encore les hypothèses développées par l'approche psychogénéalogique tendent à faire remonter l'origine de ces répétitions, sinon à tenir compte de difficultés et traumatismes familiaux. Ce type d'approche compte de multiples théoriciens et praticiens : parmi les plus connus, Anne Ancelin Schützenberger, Françoise Dolto, Serge Tisseron, Bruno Clavier. Ce qui se répète atteste la trace d'un traumatisme ou d'une émotion insupportable, retenue par un ancêtre et transmise à ses descendants. Selon ce cadre théorique et clinique, cette problématique non résolue aurait modifié les rapports familiaux au point de devenir un legs symbolique ou un fantôme familial, commun à d'autres descendants.

D'un point de vue philosophique, la répétition peut avoir au moins deux sens. Elle peut signifier l'exercice théâtral de préparation à une performance et à un spectacle où jaillissent l'inventivité, le don de soi et un style. Elle peut aussi nous renvoyer à l'expérience de la réitération d'un modèle ou d'une matrice : elle serait la copie, la démultiplication de l'œuvre unique et originale, par exemple. Ce genre de répétition, prise à l'échelle d'un être qui dupliquerait un autre être, un père par exemple, constitue une menace pour son mouvement, comme sa créativité. Elle révèle une question refoulée et non résolue : pourquoi ce père a-t-il agi ainsi, pourquoi a-t-il porté cette existence et réalisé ces choix parfois catastrophiques ?

Certains s'attardent sur ces questions, traductions élégantes d'un chagrin inconsolable qu'ils portent ou dont ils sentent la présence dans l'atmosphère familiale. Ils y reviennent et répètent alors telle manie incompréhensible, tel évènement douloureux, tel choc. Si Einstein considérait la répétition d'une erreur personnelle comme une perte de raison assimilant la folie au fait « de faire toujours la même chose et de s'attendre à un résultat différent », cette folie l'est peut-être plus encore lorsqu'elle signifie le sacrifice de soi dans cette réitération portée par une admiration sans distance ou une interrogation sans réponse face à ce qu'un parent ou un proche a commis ou subi – à la manière de la famille Bouvier, mère et fille.

Si la folie est absence de raison, alors ces répétitions familiales ne produisent aucune orientation dans l'espace ni aucun progrès dans le temps, elles n'offrent aucune signification dont l'évolution construirait une histoire. Une famille pathogène, comme la trilogie grecque des Atrides, est une totalité où le thème premier et originel – le viol commis par le patriarche Laïos sur son élève Chrysippe – demeure un thème descendant et transcendant – « trans-descendant », faudrait-il dire :

Œdipe commettra l'inceste en couchant avec sa mère Jocaste, comme il réitérera non pas l'inceste mais son *a priori* « incestuel » en s'échappant de Thèbes avec sa fille Antigone – ce terme désignant chez le psychanalyste Paul-Claude Racamier l'indistinction des individus dans la famille et une confusion porteuse de troubles et d'atteinte à l'intégrité. La réitération témoigne de l'impuissance à se constituer, par sa vitalité et ses forces, comme différence cruciale du thème familial.

C'est du côté de Gilles Deleuze qu'il faudrait se tourner pour comprendre en quoi la répétition pourrait être le ferment de la nouveauté et de la différence, de la création de soi. Dès lors, la répétition familiale, peut-être inévitable, peut-être douloureuse, pourrait se comprendre malgré tout comme une épreuve de différenciation, à condition de renverser nos schémas de pensée habituels. Dans son œuvre *Différence et répétition*, le philosophe tentait de comprendre la répétition non plus à la manière d'un duplicata et d'une réitération d'un exemplaire unique et original, matriciel – sur le modèle de la photocopie ou du plagiat –, mais comme le comportement d'un tout pluriel pris dans le temps : la pluralité est toujours et déjà existante, puisque nous sommes nés et pris dans de multiples constellations d'individus, de conditions et de devenirs possibles. C'est d'ailleurs exactement la caractéristique d'une famille : une pluralité d'êtres évoluant sur une longue durée. Cette ambition philosophique exige d'admettre que nous ne provenons donc pas de l'un immuable et éternel, mais du deux et d'une pluralité foisonnante et temporelle. Nous ne venons pas d'un patriarche, mais d'une explosion d'alliances qui se sont déployées et ont muté à travers un temps long.

Fruits de constellations familiales multiples, nous sommes mille et mille moi, mille et mille habitudes, mille et mille tendances – certaines en passe de se cristalliser, d'autres de s'évanouir, quand d'autres encore continuent leur sourde mutation. Nous ne sommes pas des sujets aux frontières stables et délimitées, des substances ou des choses, mais des ondes parvenant parfois à se matérialiser en des points saillants : telle habitude, tel rite, telle croyance, telle pratique ou tel lieu nous incarnent un moment avec plus de précision. Tel être de notre constellation familiale nous intrigue et nous inspire, suscite répulsion ou admiration et engendre la répétition d'actes ou de problématiques qui l'ont traversé sans lui être propres. Les répétitions familiales sont comme ces points par lesquels nous apparaissons, parce que nous leur donnerons une résolution propre.

Dans nos répétitions apparentes, nous n'imitons personne, mais des problématiques auxquelles nous répondons un peu différemment. Parfois, cette réponse n'est pas profondément ingénieuse ou salvatrice. Comme l'écrit la thérapeute familiale Mony Elkaïm : « La répétition n'est pas une pulsion mortifère ; elle est une tentative de solution qui ne se donne pas les moyens de réussir[75]. » Cette médiocrité de la solution peut provenir d'une inconsciente loyauté à ses parents, de sorte que l'on n'ose pas faire profondément autrement ou se sortir d'une croyance délétère. La répétition familiale peut rejouer un drame ou une fidélité, mais elle peut aussi manifester la modulation d'une tendance familiale, au service d'une métamorphose et d'une sortie de soi.

Ceux qui répètent rejouent, à une différence près, une tendance : cette reprise est déjà réinterprétation. Comme l'exposait Gilles Deleuze au sujet de l'art dans son cours donné à Vincennes en 1982, le premier *Nymphéas* de Monet annonce tous les autres et les répète déjà, non pas parce qu'il ouvre une série qui rejouera le premier tableau, mais parce que la première œuvre n'est douée d'aucune primauté, voire d'aucune originalité. Tous les autres *Nymphéas* ne formeront pas une copie ou une répétition différenciante d'un modèle figé et fini, mais constitueront des différences répétitives d'un thème, de difficultés qu'il suscite et du cortège de solutions qu'il génère. Il en va de même pour la série familiale. La différence aux siens, au cœur même de la répétition, constitue notre individualité. Notre manière de rejouer des problèmes – proposés par la constellation familiale et parfois suggérés par des rencontres inédites –, notre façon d'y répondre (à une différence près) constituera notre distinction.

*

Appartenir aux siens, c'est se consoler d'exister seul, mais c'est aussi courir le risque de ne pas exister pour soi-même. Or, même en lien aux autres, la vocation à devenir quelqu'un, à prendre place dans le monde, à développer ses talents et explorer son style de perception, comme à expérimenter sa propre façon de résoudre des problèmes, est un appel inévitable que seule l'émancipation peut nous permettre d'atteindre. Se sentir possédé par une famille peut tout autant renvoyer à cette dépossession de la naissance – par laquelle nous sommes accueillis et éduqués – qu'à celle de la vieillesse, qui impose la dépendance aux siens. Mais la famille nous met précisément au défi de trouver une forme de dépassement de cette dépendance.

Il apparaît clairement combien la notion de famille se doit d'être un système à la fois clos – pour accueillir, éduquer et protéger – et ouvert – pour laisser à ses membres la liberté de se distinguer, de se séparer comme de vivre pour soi. Outre la capacité à devenir quelqu'un, la famille soulève aussi la question de l'amour, auquel elle prétend avoir un accès privilégié. Et puisque le clan contemporain prétend se fonder essentiellement sur la puissance du lien sentimental, il faut maintenant oser s'interroger sur la réalité du sentiment d'amour filial, afin de savoir si la vie de famille le provoque et l'assure irrémédiablement.

Chapitre 4

S'aimer ?

> «Le malheur est, continua Vitalis, qu'il faille toujours se séparer précisément à l'heure où l'on voudrait au contraire se rapprocher.»
>
> H. Malot, *Sans famille*

Doit-on s'aimer parce qu'on est de la même famille ? Doit-on quelque chose à quelqu'un parce qu'il nous a fécondé et élevé, et même aimé ? La réponse est souvent donnée à l'affirmative. «Oui, il faut aimer sa famille !» «Évidemment que l'on s'aime, malgré tout !» Est-ce si simple ? Les violences, les maltraitances ou les négligences ne nous empêchent pas de croire qu'une dette nous relie à nos parents et nos aïeux. Le sujet serait donc réglé. C'est parfois même au nom de la famille que l'on exige l'amour et que l'on justifie la violence. Comme l'exprime l'écrivain François Bégaudeau, «les familles sont des zones de densité affective extraordinaires», car il s'y trouve «une concentration d'affects, des affects réversibles, puisqu'il est entendu qu'on s'aime tous, et plus on s'aime plus on se balance des trucs dans la gueule. Au nom même de notre amour, on se permet de se détester[76] ».

Peut-être que l'intimité voire l'amour autorisent les impertinences. On s'adopte, on s'habitue, on se croit acquis, on se chahute. L'irrespect, la transgression des limites, les abus peuvent aussi faire partie des familles. Si les dérapages se perçoivent mieux au cœur de nos amitiés comme de nos histoires d'amour, la vie de famille nous place en une situation de dépendance qui ne nous permet pas toujours la rupture. Vulnérables, nous sommes accueillis et élevés par des êtres autonomes et plus âgés dont les abus ne sont pas visibles, pas immédiatement éprouvés, ou pas du tout identifiés pour nos yeux immatures et ignorants. Parents à notre tour, sommes-nous préservés de la reproduction des négligences, des malentendus et des souffrances ? À condition d'une analyse de nos liens et de la compréhension de nos attentes, nul ne peut en être certain.

Celles et ceux qui vivent sous un même toit paraissent résider sous un même empire. Pour autant, l'amour éprouvé pour celui ou celle qui s'occupe de nous a-t-il vocation à perdurer, quelles que soient les épreuves et les trahisons ? Pourquoi quitter des amis peut être une voie bien plus évidente que quitter des parents ou rompre avec des frères et sœurs ?

De l'amour à la haine

Comment s'aimer entre générations si différentes, parfois animées et structurées par des principes et des lois morales opposées ? C'est la question que pose le film de Ken Loach *Family Life* (1971), qui met en scène le désespoir d'une jeune fille, Janice, accidentellement tombée enceinte et internée dans un hôpital psychiatrique par ses parents, dont l'absence de communication et la rigidité morale rendent cette situation plus dramatique encore. Le conflit intergénérationnel peut en effet avoir lieu au sein d'une famille, lorsque les principes et les valeurs ne sont plus ceux partagés par les enfants. Les parents peuvent devenir les simples vecteurs de leur temps, et de principes moraux qui font fi de la compréhension psychologique et affective de leurs enfants pour épouser le seul conformisme social. La famille constitue alors la première cellule du conflit social et générationnel. Ces disputes se révèlent plus absurdes quand elles sont un prétexte pour les parents, voire les grands-parents, à reproduire ce qui leur a été infligé. Outre les conflits de valeurs qui peuvent exploser à nouveau lorsque des enfants deviennent à leur tour parents, il existe aussi des conflits d'ambitions et de désirs.

Professeure au lycée, je rencontre parfois ce genre de tensions. Le problème le plus fréquent se joue entre des parents soucieux de la réussite socio-économique de leurs enfants, cherchant parfois même à projeter sur eux leurs désirs et leurs valeurs – quitte à négliger la personnalité de leur progéniture –, et des adolescents cherchant à s'affirmer, sans rapport avec le projet parental. Il m'arrive d'entendre des élèves me dire, à la fin d'un cours ou au détour d'une conversation sur leur avenir : «J'aimerais être professeure de lettres, mais mes parents me destinent à la reprise de l'entreprise familiale», ou encore «J'aimerais tant poursuivre des études en sciences humaines, mais mes parents veulent pour moi des études de médecine». Il m'arrive aussi de recevoir des parents qui m'exposent sans détour leur volonté de contredire les ambitions de leurs enfants : «Ma fille voudrait étudier la chimie, mais je veux pour elle une voie plus sûre économiquement parlant, je ne veux pas qu'elle se perde dans des recherches universitaires.» Les adolescents, et les enfants *a fortiori*, en dépit de toute tentative d'opposition, sont souvent conciliants et n'osent pas contrarier ou peiner leurs parents. Cette concession faite en leur jeune âge ne pourrait-elle devenir la source d'un regret, voire d'une rancœur ?

*

La haine est plus fondamentale qu'accidentelle, et elle existe dès le départ dans nos vies familiales. Haine nécessaire, celle qui permet de se séparer d'eux, de les rejeter pour s'en départir et bâtir son indépendance. Plutôt que de chercher à comprendre comment l'amour pourrait dégénérer, il faudrait sans doute se demander comment la haine peut se trouver contenue, parfois très longtemps. Car l'animosité ou plutôt cette ambivalence d'amour et de haine est présente très tôt, en dépit de nos dénégations ou de nos sourires. Elle n'est pas gratuite ou injuste, elle vise à sauvegarder notre vie, nos intérêts, à repousser l'autre qui tente de nous contrôler et, plus grave parfois, de nous abuser. Il arrive souvent que la culpabilité étouffe ce mouvement premier et fondamental, au risque de le tourner contre soi-même.

Si la haine se trouve au départ de la vie, comme le relevait Sigmund Freud, alors comment considérer la famille, cette constellation de liens affectifs, comme un lieu au-delà de tout soupçon ? Au début était la vie. Aucune extériorité, aucun monde pour le nourrisson qui se contente du plaisir reçu. Tout ce qui est bon pour lui, ses parents et des objets, sont incorporés à son narcissisme. Tout ce qui suscite douleur est expulsé. Mais, déjà, l'objet aimé et mangé par exemple est aussi immédiatement détruit. L'amour ne se départit pas d'une destruction haineuse. Tout ce qui est extérieur et déplaisant à son être se découvre également dans le sentiment de haine, car susceptible de menacer la conservation de soi.

Qu'il s'agisse de s'incorporer l'objet pour satisfaire son moi, soutenir sa conservation, sa formation et son plaisir ou de le rejeter car il menace le moi, la haine existe autant que l'amour. La haine existe par amour de soi. Cette indifférenciation entre la haine et l'amour sera nommée « hainamoration » par Lacan dans son séminaire intitulé « Encore », en 1973. En un second temps du développement de l'enfant, la distinction entre amour et haine se fera selon la perception du plaisir et du déplaisir. Cette conjonction de sentiments contraires se retrouve dans un stade ultérieur, lorsque l'enfant se sent à la fois aimer son père et le haïr, lui qui se porte comme rival et obstacle dans le rapport intime et affectif à la mère.

Cette ambivalence existe aussi dans le rapport à la mère, comme l'illustrent bien de nombreux films de Xavier Dolan, dont *Mommy* (2014), faisant écho à son précédent film, *J'ai tué ma mère* (2009). Le premier figure le récit d'un adolescent impétueux et violent, tiraillé entre l'amour possessif et la haine de sa mère, quand le second présente un fils de seize ans assumant son incapacité à aimer sa mère, tout en étant impuissant à s'en séparer. Ce dernier, nommé Hubert Minel, se trouve au plus près de la vérité de l'ambivalence en l'exposant en plein jour, avec rage et cruauté : «J'imagine qu'aux yeux des gens haïr sa mère est un péché. Ils sont hypocrites, quand même. Eux aussi ont éloigné leur mère, cela a peut-être duré une seconde, ça a peut-être duré une heure, peut-être que ça dure plus, peut-être que ça a été oublié, mais ils l'ont quand même fait.»

Connaître l'ambivalence du sentiment, c'est peut-être se libérer du drame de la séparation, de la blessure du rejet de son enfant, mais peut-être plus sûrement accéder à la liberté de l'amour qui laisse venir, qui accepte le va-et-vient, à l'image de cette lettre adressée par Constance Debré à son fils Paul : «Tu as le droit de me haïr. C'est même une nécessité de l'amour de haïr. Il n'y a pas d'amour sans haine. Ceux qui disent le contraire sont des menteurs ou des lâches. Une nécessité de l'amour d'un enfant pour ses parents, plus encore d'un fils pour sa mère de la haïr[77].» L'acceptation de l'équivoque délivre une plasticité relationnelle qui nous évite l'admiration figée et soumise à nos parents, comme la détestation sans retour – la liberté, en somme. Il faudrait désormais dire : «Famille, je vous *haime.*»

*

À défaut de pouvoir regarder nos exaspérations et notre agressivité, nous nions la réalité de la violence, quitte à ne plus rien comprendre du monde. La société dans laquelle nous vivons ne nous contredira pas : qu'il s'agisse de notre morale religieuse ou de la morale psychologique portée par certains discours du développement personnel ou de la psychologie positive, la dénégation de la violence a la commodité de nous dispenser de la difficulté de l'analyse et de l'accueil de l'altérité. Il y va aussi et bien sûr d'une stratégie politique visant à abolir la réalité des antagonismes pour disqualifier les luttes en cours. La fonction de l'agressivité – en tant qu'elle est une réponse aux menaces, aux agressions et aux abus – se trouve refoulée au loin, mais ne cesse pas de traverser nos relations. Chargée de préserver notre moi, elle paraît plus vive encore dans nos relations intimes au cœur desquelles les confusions, les mystifications, les phénomènes d'emprise nous menacent.

L'amour-haine ne nourrit pas le désir de détruire, de nuire ou d'abîmer les siens, mais décrit la sauvagerie de l'amour si bien aperçue par Nietzsche, la psychanalyse[78] et la littérature. En somme, cette ambivalence inévitable sert avant tout le narcissisme individuel : derrière l'usage de ce mot, il ne s'agit pas d'évoquer la dominance du sujet sur les autres, mais sa sauvegarde, sa croissance et son libre déploiement. Par l'équivoque, nous repoussons ce qui prend le visage de la menace, de l'autoritarisme ou de la violence, du chantage, de l'abus ou de l'immoralisme familial.

S'aimer malgré tout ?

Si rien ne nous contraint à aimer notre famille, le droit français impose néanmoins des obligations. Le Code civil prévoit une obligation alimentaire envers ses ascendants dans le besoin, comme envers ses descendants, pour la même raison. Le droit fonde une solidarité familiale dictant des obligations financières. Ce rappel est d'une importance cruciale, car la notion de « solidarité familiale » n'est pas un fait social avéré. Autrement dit, rien ne permet de démontrer que les membres d'une même famille se portent spontanément ou naturellement secours et soutien. Il semblerait au contraire que ce secours soit plutôt l'effet de l'intériorisation de la loi, comme l'expose le sociologue Michel Messu[79].

Le thème de la solidarité familiale intervient surtout dans les années 1990-2000 à la demande de l'État français, soucieux de pallier le vieillissement accru de sa population et le chômage grandissant. Il s'agissait de répondre à l'interrogation de la prise en charge des plus âgés dans une société fragilisée. Si certains sociologues contestent l'idée de solidarité familiale, c'est que les faits constatés ne démontrent pas l'existence d'une démarche affective d'entraide à l'origine d'un ordre social parallèle à notre État. D'une part, les dons intrafamiliaux et soutiens divers (garde d'enfants) n'attestent en rien la formation d'un monde affectif et familial distinct du reste de la société. D'autre part, beaucoup de ces dons sont accordés par défaut, faute de trouver des solutions alternatives.

La famille n'engendre pas la formation d'un ordre social autonome. Sur tous les domaines de la vie sociale, éducation, santé, production de biens, la famille n'a pas pleinement la main. Ses aides s'inscrivent dans un plus vaste système de prise en charge et d'aides que l'on appelle d'ailleurs l'État providence, et qui permet à ces aides de se déployer. Ici encore se joue une déconstruction cruciale : la famille promeut-elle réellement la solidarité ?

Peut-être que cette notion n'est qu'une formation artificielle de la théorie, du fantasme ou de l'idéologie. Elle est peut-être encore la rémanence d'une très ancienne tradition des sociétés dites «barbares», dans lesquelles le lien de sang se trouvait être supérieur au lien social et politique. Cette opposition entre la famille et l'État se retrouve encore dans la jeune démocratie athénienne, incarnée dans l'opposition de l'Antigone de Sophocle contre les lois de Créon pour sauver son frère Polynice, condamné à l'atimie, l'absence de sépulture familiale. En ce cas précis, la famille était encore un ordre social à part, autonome[80]. Nous ne pouvons pas en dire autant de nos sociétés contemporaines organisées autour de la puissance d'un État. Peut-être aussi que cet État et ses politiques sociales orientent activement – pour ne pas dire contraignent – les familles à soutenir leurs membres et à assumer des responsabilités. Si nul ne peut absolument prouver que la famille – dont la désignation au singulier est déjà trompeuse – soit naturellement portée à l'amour, il semblerait que le soutien et peut-être même la responsabilité se construisent sous l'effet du poids des normes sociales et juridiques.

Nos familles sont des artefacts politiques, conditionnés par la société. Elles ne sont pas une cellule sociale de base comme on le lit chez Aristote, mais la cellule par laquelle se reflète le tout qu'elles composent : une culture. Parce que nous sommes des êtres sociaux, hautement adaptatifs, il est extrêmement difficile de démêler le naturel de l'acquis, qui plus est pour la notion de famille. Son amour, son soutien, voire sa protection sont-ils naturels ? Rien n'est moins sûr au regard des abandons, des maltraitances et des dérives que l'État se charge précisément de prévenir. Nos déceptions à son endroit ne sont que la conséquence d'une duperie essentielle : la famille de sang ne détient aucun don spécial ou inné pour l'amour.

*

Le dire, c'est s'exposer à heurter les sensibilités. Mais pourquoi ces vérités blessent-elles autant ? Pourquoi ne nous motivent-elles pas à nous hisser à la hauteur de nos désirs, tout en laissant à la porte notre passivité face aux mythes ? C'est sur la destruction de ce mythe que débute le récit de l'écrivain Hervé Le Tellier, *Toutes les familles heureuses* : « Il y aurait du scandale à ne pas avoir aimé ses parents. Du scandale à s'être posé la question de savoir s'il était ou non honteux de ne pas trouver en soi, malgré des efforts de jeunesse, un sentiment si commun, l'amour dit filial[81]. » D'où vient ce scandale ? De l'héritage religieux, judéo-chrétien, et du quatrième commandement dont les formules varient sans défaire l'unicité d'un principe : « Honore ton père et ta mère afin d'avoir longue vie sur la terre que le Seigneur ton Dieu te donne » (Ex 20, 12). Nous serions tenus de servir tous ceux que Dieu, pour notre bien, a revêtus de son autorité.

Pourtant, comme le relève l'écrivain, les traductions sont multiples et peuvent aller du verbe « honorer » à celui de « soutenir ». Ses remarques font écho à ma propre exploration de ce commandement de la Bible, accompagnée par un psychothérapeute et talmudiste. Comme ce dernier me l'avait dit au cours d'une séance, ce commandement ne signifie ni l'injonction d'aimer ni celle de les fréquenter, mais l'obligation de les « porter » en cas de besoin ou de nécessité. Ce commandement dessinerait plutôt un seuil minimal d'entraide : le chemin d'un devoir humain par-delà l'amour.

Si le rejet d'enfants manifestement maltraités, battus ou violés peut paraître évidemment compréhensible, cet accueil n'est pas forcément unanime dans la société et dans les familles elles-mêmes, comme le révèle par exemple le récit *La Familia grande* de Camille Kouchner : « L'un des enfants de la *familia grande* m'a rapporté la réaction de ses parents : "L'inceste, il ne faut pas. Mais crier avec la meute, certainement pas !" » La dénonciation de la maltraitance des enfants n'engage pas toujours la sollicitude, la bienveillance et le soutien. Un jugement moral – « Préserve ta famille et tais-toi » – s'abat sur toutes les formes de maltraitance : qu'il s'agisse de grands traumas ou de maltraitances douces, tissées de mépris, de négligence, d'indifférence, alternant parfois avec des débordements d'amour et des exigences sacrificielles.

*

La haine sinon l'indifférence sont interdites aux enfants. Ce n'est d'ailleurs peut-être pas seulement par pudeur que des parents comme des enfants ne parviennent pas à se dire « je t'aime », mais par un rejet qu'ils dissimulent. Des écrivains et artistes font de l'expression de cette déchirure le thème assumé de leur œuvre. Chloé Delaume affirme concevoir son livre *Dans ma maison sous terre* comme une arme de destruction contre sa grand-mère, une femme cruelle et dénuée d'empathie qui lui révéla par le biais d'une cousine que son père n'était pas le sien : « Ce qu'il faut à présent c'est que tu lises ces lignes et qu'enfin tu en crèves, que ton cœur se fissure, que le granit implose ; tes artères un brasier, le sang bout le sais-tu à combien de degrés, tes valves ravagées incendie poitrinaire[82]. »

Cette injonction à maintenir les liens, voire à la soumission, est portée par un ordre moral autoritaire qui considère et emploie les enfants au titre d'expédients. Faire-valoir sociaux, souffre-douleurs, prolongements fantasmés, médicaments, investissements socio-économiques : c'est parfois ainsi que les enfants sont silencieusement considérés. Certaines distances critiques, certaines ruptures et parfois certaines fuites sont inévitables pour respirer, pour survivre, pour aller chercher de l'amour ailleurs, en soi, mais aussi parmi les autres : des amis, des professeurs, des amours, des affinités électives.

Pourquoi forcer l'amour, quand la coexistence n'implique *a priori* qu'une seule attitude, le respect, et la procréation qu'un devoir, la responsabilité ? Pourquoi forcer les gens à s'aimer, puisque c'est le plus sûr moyen de les entraîner à se haïr sans retour ? La déception d'exigences inouïes suscite le ressentiment, l'aigreur, l'amertume ou la haine, jusqu'à la folie. Les promesses non tenues fabriquent des meurtriers symboliques ou réels, les fantasmes déçus sont des machines à produire de la haine.

Me reviennent les mots de Gilles Deleuze : «Le rêve est une terrible volonté de puissance. Chacun de nous est plus ou moins victime du rêve des autres. Même quand c'est la plus gracieuse jeune fille, c'est une terrible dévorante, par ses rêves. Méfiez-vous du rêve de l'autre, parce que si vous êtes pris dans le rêve de l'autre, vous êtes foutu[83].» La famille est une machine à rêves, elle sécrète ses rêves d'union, de triomphe, d'amour et de réparation. Les parents projettent leurs regrets et leurs fantasmes sur la toile du cinéma familial. Or le rêve déteste ce qui lui résiste, le réel.

Rompre et fuir

Certaines fuites sont inévitables, mais supposent une entreprise critique. Se risquer à partir et à rompre implique, le plus souvent, une préparation : savoir observer et oser constater les coups, chercher à les analyser, mais surtout à les repousser. Savoir se sauvegarder, surtout lorsque la dureté se mêle à la tendresse, ou lorsque la tentative de rédemption laisse le champ à un nouveau cycle de violences. Comme l'exprime la narratrice du roman norvégien *Héritage et milieu*, la rupture avec sa mère devint un jour une nécessité d'ordre physique : «Je n'avais pas le choix : si je voulais survivre, ne pas couler, ne pas me noyer, je devais me tenir à distance[84].» Et cette rupture prend souvent en compte la possibilité de ne jamais revoir, de se détourner de la vieillesse et de la mort. Quand on rompt, c'est plus souvent une question de corps que d'esprit.

Certaines loyautés sont compréhensibles, car il est difficile de s'arracher à ce qui constitue notre premier lieu de vie. D'autres deviennent toxiques et manifestent une emprise morale comme une destruction réelle. Envisage-t-on sa rupture familiale comme un plan stratégique? J'ai voulu interroger des vies réelles pour me faire une meilleure idée. Mon amie V. me raconte la façon dont elle a rompu avec ses parents et sa famille, il y a maintenant un peu plus d'un an :

– Jamais je n'ai eu pour projet d'organiser une rupture. Elle s'est faite malgré moi, à un moment où je pense avoir perçu que c'était la seule solution pour ne plus souffrir.

– Pourquoi n'y as-tu pas songé avant, alors que tu souffrais?

– J'ai toujours voulu résoudre les problèmes qui, selon mes parents, venaient de moi. Et il fallait que je m'adapte à ce que l'on attendait de moi.

– Pourquoi t'adapter et à quoi?

– Je devais m'adapter pour essayer d'être aimée. Je pensais que l'amour représentait ce que l'on m'offrait, même avec violence. Par la force des choses, je me suis rendu compte que ce n'était pas le cas. On me disait tout le temps «je t'aime». Donc, pour moi, tout comportement était forcément de l'amour, car les parents avaient toujours raison (et ils le disaient). Avec le recul, je vois cela, ni plus ni moins, comme un phénomène d'emprise.

– Qu'est-ce qui te paraît violent et insupportable dans ta famille ?

– Le manque d'amour. Ma mère n'a pas souhaité nouer de lien avec moi. Elle m'a toujours fuie et rejetée. J'ai fait ma première crise d'anorexie à moins d'un an par le refus de manger. L'anorexie intervient souvent dans des troubles du lien avec la mère, la mère nourricière, la bonne mère. Pour ne pas me laisser engloutir par la tristesse, je cessais de me nourrir. Dès qu'elle pouvait me confier à d'autres, elle le faisait – cela m'a été confirmé bien plus tard quand j'ai cherché à comprendre mon histoire. Mon père a toujours revendiqué une totale solidarité avec elle, en niant beaucoup de violences. Mes frères et sœurs ont aussi été touchés par des troubles psychologiques et des phénomènes d'addiction.

– Aujourd'hui, considères-tu n'avoir plus de parents ?

– J'ai gommé le mot « maman » de mon esprit et j'en ai éprouvé une profonde tristesse, celle du deuil. Je perdais l'image de la « bonne » mère que je m'étais construite pour survivre et qui ne collait pas à la réalité. Je ne la reverrai pas, même avant ses derniers instants. Mon père, c'est autre chose. Une porte est ouverte s'il me manifeste un sincère repentir et une volonté de communiquer, car il existe un lien avec lui, même infime.

– As-tu été culpabilisée par les autres de rompre avec les tiens ?

– Quand je raconte mon histoire, je vois dans certains regards de la terreur et de la pitié, de la terreur avant même la pitié. Et puis, pour beaucoup de gens, ce n'est pas acceptable de dire qu'une mère n'aime pas son enfant et d'assumer une telle rupture. Les gens que je connais un peu moins bien ne comprennent pas. Sans s'en rendre compte, ils m'assomment d'injonctions de reprise de contact, comme si j'étais coupable, comme si j'étais la « mauvaise fille ».

Elle ajoutera à la fin de notre entretien que le fait d'être soutenue par son mari et de devenir mère d'un enfant pour lequel elle éprouve un amour sans pareil avec celui que sa famille prétend lui donner a contribué à sa décision de rupture. Ce qui la rend heureuse aujourd'hui, c'est d'avoir formé sa propre famille, dans laquelle les émotions sont dites, verbalisées et assumées. Mais, comme l'écrit la psychanalyste Alice Miller, « que l'on rompe ou non les contacts avec les parents n'est pas un point essentiel. Le processus de détachement, le chemin de l'enfant à l'adulte, s'effectue en effet intérieurement[85] ».

Couper les ponts est inenvisageable dans l'idéologie familialiste selon laquelle la famille est une réalité unique, indépassable et auprès de laquelle nous serions redevables, sinon surendettés – parce que les parents auraient « mis au monde », ou « sacrifié leur vie ». Rejeter sa famille serait immoral, surtout au regard de la vieillesse de ses parents et de leur mort. Jamais personne ne pratique le raisonnement inverse : les enfants ne sont jamais trop jeunes non plus pour mourir. Comme l'écrit la romancière Vigdis Hjorth, la rupture occasionna « une culpabilité irrationnelle de m'être mise à part, d'avoir coupé les ponts, car j'avais fait ce choix qu'on ne doit pas faire, refuser de rendre visite à ses parents vieillissants, parce que j'étais devenue ce genre d'être humain, inhumaine[86]. »

Quand bien même la famille serait un pilier moral, ce qui reste à démontrer au vu du nombre record de violences psychologiques et sexuelles dont elle se trouve porteuse, nous devrions plutôt nous demander si la morale est intéressante au point de sacrifier sa vitalité ? Si la morale se définit comme un ensemble de lois édictées par une conception du bien et du mal – le bien consiste à n'accomplir que des actions désintéressées, le bien consiste à aimer aussi son ennemi, le bien consiste à procurer le plaisir du plus grand nombre –, alors je me situe résolument du côté de l'éthique : ce qui doit être respecté, c'est ce qui me préserve, me gratifie et me rend joyeux. Ce qui doit cesser se signale par la douleur, la souffrance morale ou la confusion durable dans laquelle je me trouve plongé.

*

La rupture familiale est encore un tabou social. La fiction ose parfois la représenter. Dans le film *Love Story* d'Arthur Hiller (1970), nous assistons à une rupture provisoire et néanmoins radicale d'un fils avec ses parents. Porté par son amour pour une étudiante italienne, issue d'un milieu très modeste, Oliver Barrett, héritier d'une éminente lignée de riches Américains, refusera d'adhérer aux valeurs de son père comme à son injonction à quitter sa fiancée parce qu'elle est trop pauvre. Il ne recontactera son père que poussé par l'extrême nécessité, celle d'obtenir de l'argent pour assurer les soins intensifs et hospitaliers de son épouse avant sa mort. Les retrouvailles au décès de Jennifer ne réuniront pas pour autant ces deux hommes, le fils étant à la fois meurtri par ce deuil comme par les regrets d'avoir eu un père si lointain.

Des artistes et des écrivains témoignent de leur fuite sans retour, jusqu'au changement de patronyme. Chloé Delaume rompt avec une famille complice du crime de sa mère, clôturant ainsi son œuvre *Dans ma maison sous terre* par une déclaration de rupture – « Je ne vous souhaite rien et vous dis à jamais[87] ». Camille Kouchner finit par s'éloigner d'une famille trop complaisante avec l'inceste subi par son frère. Niki de Saint Phalle a condamné sans pardon son père incestueux. La liste pourrait encore s'allonger[88]. Durant mes rencontres autour de mon précédent livre sur la colère[89], j'ai eu la surprise de découvrir de nombreuses personnes témoignant de leur rage longtemps contenue et finalement assumée envers leurs familles, les conduisant à une rupture définitive. Combien ne m'ont-elles pas dit que cette décision avait été longtemps refoulée, et déconseillée par leur entourage familial et thérapeutique.

Je m'interroge sur ces injonctions qui ne sont rien d'autre que des encouragements à subir la douleur au nom d'une prétendue morale familiale[90]. La douleur de rompre provient du deuil d'un espoir : celui d'être aimé. Il faut passer outre la culpabilisation de son entourage, comme en témoigne encore la psychologue Marie-Estelle Dupont dans son livre *L'Anti-mère*, qui écrit avoir su « passer outre la peur. Outre la honte. La honte d'avoir donné le change mais d'être si fragile. Passer outre l'orgueil aussi[91] », afin de rompre et surtout de raconter cette rupture. Enfant-thérapeute aux petits soins d'une mère dépressive ou perverse – l'hésitation fait partie intégrante de sa difficulté à se séparer et à s'éloigner de sa mère violente –, l'autrice a beaucoup hésité à fuir sa famille. C'est un évènement grave – la contraction d'une méningite – qui lui permet d'observer la négligence coupable de sa mère, de prendre conscience de la dangerosité de ce lien et d'oser le rompre. Ce sont parfois des dangers réels qui poussent les êtres à accepter et à assumer un départ, longtemps repoussé. Les amitiés comme les amours sont parfois des « témoins lucides », pour reprendre la belle formule d'Alice Miller[92]. Encore faut-il accepter de penser à soi et de vouloir se sauver, encore faut-il parvenir à vouloir comprendre plutôt qu'à vouloir être aimé.

Cette dureté de la rupture, parfois insurmontable, se trouve souvent redoublée par l'emprise psychologique.

Ce terme a été conceptualisé en psychiatrie par Roger Dorey en 1981 dans «La relation d'emprise». Elle se définit comme une relation de soumission d'un autre, au moyen de stratégies et de manipulations visant à nier l'altérité d'autrui. Pour Dorey, l'emprise est une tendance à la neutralisation du désir d'autrui. Pourquoi refuser le désir de l'autre? Le garder sous son pouvoir, en profiter pour son plaisir, sinon l'orienter à sa guise vers ce que l'on estime meilleur pour lui ou pour elle. Comment ne pas y reconnaître certaines dérives possibles de l'autoritarisme familial? Pour parvenir à ce résultat, il faut bien évidemment procéder par étapes : par la mise en confiance en procurant de la tendresse, de l'attention provisoire, de l'écoute ponctuelle, mais aussi de la séduction. Subjugué, l'individu peut être dépossédé de sa liberté, de son jugement, de sa volonté par le biais du chantage, de la culpabilisation et parfois de la force.

Il faut avoir su apporter quelque chose de précieux à celui ou celle que l'on emprisonne : un semblant de soutien ou de joie, une écoute apparente, des attentes qui forment des buts et orientent votre route. Dans le cas de l'emprise familiale, cette programmation est bien plus aisée, puisque l'enfant est d'ores et déjà inscrit dans le lieu de son ravisseur. La séduction et les promesses sont facilitées en raison de sa dépendance. Exercice d'autant plus aisé que celui-ci n'a pas de repères suffisants pour comprendre qu'il est en danger ou abusé. Ceux-là mêmes dont il attend l'instruction et l'aide pour conquérir son autonomie seront ceux qui l'en priveront de la manière la plus radicale et parfois la plus irréversible.

L'éloignement géographique, intellectuel et affectif ne signe pas toujours le détachement. Le spectre familial continue de hanter : les blessures infantiles ont quelque chose de plus fort que toutes les autres. En privant de l'amour et donc de l'estime de soi nécessaire à l'édification de son autonomie, le système familial prive l'individu de sa capacité à se séparer. Le psychisme ressemble à un vaste terrain soumis au déminage. La confusion peut durer longtemps. Et même lorsque la vision se fait plus claire, d'autres obstacles surgissent, car « c'est par l'ego que le parent pervers vous tient menotté à lui », selon Alice Miller[93]. L'ego ne veut pas rompre pour ne pas blesser celui ou celle dont on se croit l'indispensable soutien. Bien des déconvenues sont parfois nécessaires pour accepter son échec et la voie que ce dernier peut ouvrir, celle de la clairvoyance du nouveau départ. Paradoxalement, choisir de rompre avec autrui peut aider à se relier à soi-même. Laisser mourir des relations aide parfois à en construire d'autres, animées par le souci de la bienveillance.

Comment se méfier d'un père ou d'une mère ? Comment oser comprendre plutôt que vouloir les aimer ? C'est cette éprouvante vigilance dont témoigne Marguerite Duras au sujet de sa mère dans *Un barrage contre le Pacifique* : « Il fallait que Joseph et Suzanne fassent attention à elle. Elle avait eu tellement de malheurs que c'en était devenu un monstre au charme puissant et que ses enfants risquaient pour la consoler de ses malheurs, de ne plus jamais la quitter, de se plier à ses volontés, de se laisser dévorer à leur tour par elle[94]. » Il faut avoir beaucoup aimé et attendu ses parents pour se montrer capable de sentir, au cœur même de sa dépendance, le délitement de cet attachement.

*

En parodiant Cocteau, nous devrions regarder en face le charme des parents terribles. Ils le sont parfois à leur corps défendant. Décidant sans raison claire de nous mettre au monde, ils nous modèlent au rythme de leurs désirs inachevés, de leurs regrets, et parfois de leurs blessures invisibles. Ils hésitent entre le rôle de démiurge et celui d'ami, ils balancent entre l'audace d'enseigner et celle de laisser libre. Cette irrésolution est celle de l'amour, contradiction vivante et inévitable par laquelle nous suivons un va-et-vient avec nos proches, qui permet à la fois de les convoquer comme de s'en séparer.

L'amour ou la haine ne sont pas les seuls objets donnés et rendus. Faire partie d'une famille, c'est recevoir des biens et des symboles. Malgré nos éloignements, voire nos ruptures, nous demeurons des héritiers. Les problématiques abordées, celles de la proximité et de la distance, du don et de la violence, sont alors cristallisées au plus haut point dans la question de la transmission, voire de la succession, puisque les familles se bâtissent avec l'idée que leurs descendants auront pour charge de les prolonger. Idée majestueuse et ambitieuse, la transmission est pourtant un lieu de tensions entre projection et libération des générations.

Chapitre 5

Transmettre

> « Hâte-toi,
> hâte-toi de transmettre
> ta part de merveilleux,
> de rébellion, de bienfaisance. »
>
> R. Char, *Commune présence*

Avoir une famille, c'est aussi en devenir le destinataire. En devenant parent, nous sommes amenés à transmettre et à léguer quelque chose : un nom, des désirs et des valeurs, un patrimoine économique, une façon de reconnaître et d'aimer son enfant. Transmettre. Passer quelque chose. Communiquer. Déléguer. Tout cela se joue depuis le premier moment de notre vie, dans un processus continu qui devient bien plus clair au moment du décès. Ma grand-mère Annette est décédée au cours de ce travail d'écriture. Elle était la dernière survivante parmi mes grands-parents. D'elle, j'ai reçu quelques objets lui ayant appartenu ainsi qu'à sa mère, créant de fait une chaîne de transmission. Par ce geste, elle m'a signifié son désir que nous restions en lien, mais aussi celui de me relier à sa propre mère, que je n'ai jamais connue. Si je ne suis pas matérialiste, j'investis les objets d'une valeur sentimentale et spirituelle, par laquelle ils revêtent des forces symboliques. Cette réalité de la continuation par-delà les morts me rassure un peu.

Si la transmission est un fait universel, puisque nos aïeux nous donnent sans cesse à sentir leur vision du monde, l'héritage des biens ne l'est pas. Certains ne reçoivent rien de matériel. Cela doit nous conduire à nous demander si l'on peut faire famille sans argent et sans rien pouvoir transmettre d'un patrimoine financier à ses enfants. Celles et ceux qui, sans capital, font famille développent parfois des stratégies éducatives pour que leur progéniture puisse prendre la relève financière de la famille ou bénéficie d'une élévation sociale. En ce sens, la famille est dotée d'une dimension socio-économique très forte, et il nous faut voir si cela affecte la façon de développer des liens.

L'argent peut représenter un levier de pouvoir pour les parents. Ces derniers peuvent user de leurs biens pour prolonger un lien de subordination et d'obéissance. Mais, du côté des enfants, l'enjeu de l'héritage n'est pas seulement financier, il peut aussi constituer pour eux une reconnaissance de l'amour parental. Les legs d'objets et de biens meubles matérialisent des préférences, des affinités et des amours. Recevoir un sac ou un bracelet porté par sa mère qui nous aura choisie plutôt que notre sœur, par exemple, c'est recevoir un objet qui signifie aussi une élection, un attachement spécial. Cela peut susciter la frustration ou la rivalité des frères et sœurs se sentant moins aimés s'ils n'ont pas reçu de biens de même valeur pécuniaire ou sentimentale. C'est peut-être une des raisons pour lesquelles les donations provoquent des mésententes, voire des déchirements dans une fratrie, soudain plongée dans une crise de reconnaissance et une course à l'attachement *post-mortem*.

Un nom de famille

Hériter commence peut-être par le fait de porter un nom transmis. Je n'ai jamais vraiment aimé mon nom de famille, dont je trouvais la sonorité très gutturale. Je suis sensible aux noms élégants, fluides, légers, monosyllabiques dans l'idéal, duo syllabiques au mieux. Pourquoi ? L'envie d'une nomination plus discrète est née au même moment que la découverte du caractère « public » de mon nom. Avant l'âge de quatre ans et de mon entrée au cours préparatoire, je ne le connaissais pas. Ai-je même un souvenir d'avoir été informée de mon état civil par mes parents ? Parce qu'il fallait bien que je puisse me reconnaître au moment de l'appel à l'école élémentaire, j'ai fini par apprendre la déclinaison totale de mon identité. J'ai dû apprendre ce nom et me l'approprier.

Ce dont je me souviens, c'est de ce moment-là, celui de l'appel du prénom et du nom. Il deviendra un moment critique. Mes maîtresses successives, en prononçant le mot « Galabru », n'ont jamais su faire comme si de rien n'était. Elles ne parvenaient pas à me regarder seulement comme une petite fille. Pour le meilleur ou pour le pire, mes enseignants ont toujours relevé une différence, soit par un regard interrogateur, observateur ou souriant, soit par une demande très claire – « Vous avez un rapport avec l'acteur ? » –, sinon une déclaration d'estime – « J'aime beaucoup votre grand-père ». Peut-être est-ce relatif à ma timidité, peut-être est-ce réellement gênant de se faire remarquer, mais ces notifications me mettaient dans un immense embarras. Toute ma scolarité, la désignation de mon nom de famille fut un moment au cours duquel se succédaient le malaise et l'irritation d'être signalée aux yeux de tous.

On peut penser que ce genre de différence n'est pas dramatique. Elle ne l'est pas quand on est adulte. En revanche, elle propulse un enfant dans une situation d'exposition qui peut entraver ses relations et son insouciance. Mes camarades ne comprenaient pas ce privilège dont je semblais bénéficier : celui d'avoir été peut-être appréciée, sinon saluée par nos enseignantes et enseignants. Ce qu'ils ne voyaient pas, c'est que je n'étais jamais saluée personnellement. C'est un autre prénom qui couvrait le mien. C'est un nom qui me dépassait et m'a souvent fait disparaître sous le regard souriant, admiratif et joyeux des gens – envieux quelquefois aussi. La chance de porter un nom célèbre se double aussi et toujours de l'impossibilité relative d'exister par soi-même.

La signification du nom de famille est devenue une réalité omniprésente et souvent pesante. J'ai, pendant un temps, rêvé d'en changer. Je me suis ravisée. J'ai appris à ne plus éprouver de gêne pour ce qui ne relève pas de mon fait mais du hasard. Dans *Nom*, Constance Debré revendique la rupture avec un patronyme et une famille bourgeoise, un rejet de l'héritage érigé en programme politique, et elle écrit notamment : «Je suis pour l'abolition de la filiation, je suis pour l'abolition du nom de famille.» Je peux comprendre son désir. Parfois, on n'a que l'envie d'exister pour soi et indépendamment de l'appartenance familiale, surtout lorsqu'elle est chargée de sens pour les autres. On lui reprocha de ne pas comprendre que son milieu d'origine et son histoire personnelle étaient aussi les sources de sa personnalité, de sa révolte comme de son devenir. Je crois surtout qu'on lui a reproché de ne pas être redevable à sa famille. Ce qui est tout à fait différent.

Qui peut nous dire que l'abolition du patronyme comme de l'état civil, de la transmission bien réglée par la structure familiale et cette structure elle-même, ne serait pas remplacée par d'autres sources de transmission, de vécu et de devenir ? La famille plus ou moins nucléaire, l'héritage et l'état civil ne sont que des solutions envisagées à la question du vivre ensemble. L'abolition du concept de famille et la rupture des liens parents-enfants – au profit d'un communisme familial par exemple, dans lequel l'État ou une association s'occuperait des enfants – me paraissent indésirables, car je défends la liberté individuelle de fonder un foyer et de vivre en communauté pour s'occuper d'enfants. La famille perdurera autant que persistera le regroupement social sous la forme communautaire : nous aimons les clans et nous tenons à nos affinités électives, qui nous aident à supporter l'insupportable ; à vivre malgré la perspective de la mort. En revanche, je pense qu'il est crucial d'oser l'irrévérence et l'irrespect pour ce que l'on tente d'imposer comme une convention normative et une matrice incontournable de nos vies.

*

Un nom est porteur de gloire et parfois de honte. Que faire d'un nom associé à l'insoutenable ? Le porter quand même, le renier, en changer ? Les Égyptiens de l'Antiquité condamnaient les criminels à ne plus porter de nom pour les effacer des registres sociaux comme de l'histoire collective. Ce nom est parfois aussi rejeté car il semble grotesque, parce qu'il nous vaut toutes sortes d'attaques injustes. Ne pas autoriser le changement de nom de famille, au bon vouloir des citoyens, revient à réaffirmer le besoin de stabilité sociale et politique, et à faire de la famille le pilier de cette continuité.

Le nom de famille est parfois abandonné par toutes celles et ceux qui devaient fuir l'oppression, la discrimination, tels les immigrés, et notamment les Juifs, comme le rapporta très bien Nicole Lapierre dans *Changer de nom*[95]. Le nom d'emprunt, souvent conservé par les familles, est une façon pour elles de s'assimiler et d'appartenir à leur pays d'accueil. Lapierre maintient pourtant combien ce choix de retenir le nom d'emprunt est une façon de vouloir sauvegarder sa descendance : « En voulant soustraire les leurs à l'hérédité du malheur, en se refusant à laisser en héritage un patronyme stigmatisant, renonçaient-ils pour autant à être juifs et à ce que leurs descendants le soient ? Nullement[96]. » Mais, pour d'autres, cette sauvegarde est un déshonneur et un désaveu du passé familial. Pourtant, la sociologue remarque que le Conseil d'État rejette les demandes de changement de nom pour retrouver son nom d'origine, de consonances étrangères, et ce même s'il fut celui de ses parents ou grands-parents. Le motif invoqué est celui de l'immutabilité du nom et de la primauté de la francisation.

Notre nom transmis par nos parents et traversant lui-même d'autres êtres et une histoire semble susciter toutes sortes d'affects, et une forme d'attachement ou de fuite. Tout se passe comme si notre nom avait le pouvoir de refléter quelque chose de nous-mêmes : « Étrange hasard (est-ce un hasard ?) qui fait que les noms représentent quelquefois les hommes comme les mots peignent les choses. Robespierre avait été avocat : son habit et son cœur sont dans son nom », écrivait Victor Hugo. Je ne sais pas si un nom confère un destin, ou si sa sonorité a rapport avec son contenu. Ce nom est une ligne d'horizon de notre identité et il colle à la peau. Il nous rappelle notre appartenance, tantôt désirable, tantôt indésirable, à un groupe. Qu'il se porte comme un reflet ou une plaie ouverte, le nom est une assignation à résidence familiale.

Des conditions de vie

Une famille a aussi une réalité sociale et économique, qu'elle va transmettre à sa progéniture. Rappelons qu'elle est censée pourvoir aux besoins des siens et assurer une instruction. C'est du moins une obligation de l'article 203 du Code de la famille et de l'aide sociale, rappelée par le maire au cours d'une cérémonie de mariage. Si le manque d'argent et la violence sociale fragilisent l'institution familiale qui n'est plus à même d'assurer les besoins, la sécurité et le soutien à ses enfants, une famille fortunée peut aussi délaisser ses enfants et les conduire, par l'absence, par le mépris, ou encore par la négligence, à l'isolement. L'argent ne suffit pas à assurer la cohésion familiale ni le bien-être des enfants. Il ne prémunit pas des agressions comme de l'inceste, par exemple, qui traverse tous les milieux sociaux.

Ce que l'on transmet peut détruire. Un capital économique important est évidemment la garantie d'un confort pour la progéniture, mais il ne dispense pas de la difficulté de devenir quelqu'un et de trouver sa vocation. La question des valeurs choisies, des idéaux comme des buts, peut être bien plus difficile à poser lorsque les conditions matérielles de subsistance ne sont jamais un problème à penser et à affronter par soi-même. La famille peut accorder des «privilèges-pièges», selon la belle formule de Bourdieu, qui ressemblent à des cadeaux empoisonnés en ce sens qu'ils entraînent les bénéficiaires dans des «impasses royales»[97] : des voies dans lesquelles les héritiers se retrouvent dépossédés d'une part d'eux-mêmes : cette part de soi que l'on édifie par sa confrontation au monde, en sa diversité et ses épreuves.

Les héritages peuvent peser, surtout quand ils paraissent chanceux et bénéfiques, car ils assignent à poursuivre une voie toute tracée, comme l'a notamment révélé le film documentaire de Julie Gavras, *Les Bonnes Conditions* (2017), à travers l'interview de huit adolescents issus de familles bourgeoises parisiennes. Ils peuvent parfois se conjuguer avec la violence, la négligence et l'abandon, à l'image du récit de la famille de John Paul Getty, magnat du pétrole et parmi les hommes les plus riches du monde. Négligent envers ses épouses et ses enfants, il laisse une descendance troublée et traversée de morts précoces et de traumatismes[98].

Un capital symbolique et des attentes sociales

Malgré l'importance grandissante des relations sentimentales, les enfants demeurent un enjeu économique pour les familles qui cherchent, à travers eux, à maintenir leur niveau de vie, voire à l'augmenter. Celles-ci emploient d'ailleurs diverses stratégies pour y parvenir, sans qu'il s'agisse de buts conscients. Pendant longtemps, ce fut par la logique du mariage que l'on maintenait un capital et qu'on le transmettait. Dans son étude sur les familles paysannes du Béarn, Pierre Bourdieu sut exposer les stratégies de transmission de leurs terres afin de ne pas les diviser et maintenir leur position économique[99]. Le droit d'aînesse consistait à ne donner la terre qu'au premier-né mâle de la fratrie, qui devrait trouver une épouse du même rang social que lui. Le reste de l'héritage pécuniaire était divisé et partagé entre les cadets (filles comme garçons).

Après la Seconde Guerre mondiale, le rôle de l'État se consolide et devient un élément clé dans la transmission familiale d'un héritage, à travers le rôle de l'école, en concurrence de l'alliance patrimoniale. La notion d'héritage, chez Bourdieu, est comprise non seulement comme le capital économique, mais aussi comme le capital culturel (diplômes, grandes écoles, connaissances culturelles transmises) et social (relations, réseaux). Le capital symbolique, soit la somme des connaissances acquises, les diplômes décrochés, devient un des éléments clés de l'héritage et de l'acquisition d'une position sociale. Dans *Les Héritiers* – coécrit avec Jean-Claude Passeron – comme dans *La Reproduction*, Bourdieu déjoue le mythe de l'école de la République et de la méritocratie. Celle-ci faisant croire aux élèves que leur désir d'apprendre, leur appréciation d'une culture savante (théâtre, musique, poésie) comme leurs connaissances proviendraient entièrement de leur bonne volonté ou d'un talent inné, elle ne leur permet pas d'apercevoir la contribution essentielle de leurs familles qui, modestes ou riches, ont surtout cultivé une proximité essentielle avec cette culture savante elle-même valorisée à l'école.

En témoigne le récit d'Édouard Louis, dans *Changer : méthode* : lorsqu'il rencontre Elena, une jeune fille bourgeoise, issue d'une famille très lettrée, l'auteur – issu d'un milieu ouvrier du nord de la France – bascule dans un univers culturel raffiné qu'il n'a jamais connu. Ce « bon goût », cet amour de l'art comme de la lecture sont discrètement diffusés par l'immersion dans un environnement qui valorise et affectionne ces objets : « J'ai suivi Elena et quand elle a ouvert la porte de sa maison j'ai compris qui elle était, ou plutôt pourquoi elle était la personne qu'elle était ; dans la maison il y avait des milliers de livres, un piano ancien, des reproductions de tableaux sur les murs. Les sols étaient recouverts de moquette, la maison pleine de fauteuils, comme des invitations à lire et à réfléchir[100] ». C'est par l'admiration d'Elena et de sa mère Nadya qui l'initie à la peinture qu'Eddy Bellegueule s'acharnera à prendre sa revanche sociale par les études. Revanche sociale qui assure aussi et surtout une revanche contre sa famille qui, dans ce moment d'arrachement, devient un repoussoir – « J'écrivais des messages à Elena pour lui dire que je détestais ma mère, que je vous détestais[101] ». Son parcours constitue une forme d'exception au vu des statistiques et permet aux sociologues Anne Jourdain et Sidonie Naulin d'objectiver le constat de la reproduction des inégalités par la famille : « Un fils de cadre supérieur a quatre-vingts fois plus de chances d'entrer à l'université qu'un fils de salarié agricole et quarante fois plus qu'un fils d'ouvrier ; ses chances sont encore le double de celles d'un fils de cadre moyen[102]. »

La culture d'une famille instruite tend à être en adéquation avec celle de l'école ; ce faible écart facilite l'assimilation, quand elle la rend bien plus laborieuse pour les enfants issus de milieux modestes, voire presque inaccessible pour ceux de milieux pauvres, surtout quand le français n'est pas leur langue maternelle ou pas celle de leurs parents. Une famille précaire qui ne disposerait pas des codes et des pratiques pour aider son enfant à réussir ses apprentissages et ses candidatures – comme à écrire des lettres de motivation pour ses écoles ou lui donner un contact professionnel permettant de décrocher un premier stage – ne peut pas favoriser l'ascension de ce dernier. C'est d'ailleurs moins l'échec scolaire que l'auto-élimination qui explique l'abandon de l'école et le rejet de l'enseignement supérieur. L'écrivaine et prix Nobel de littérature Annie Ernaux en a témoigné dans son œuvre, et notamment dans *Mémoire de fille*. Alors qu'elle est une excellente élève, classée cinquième de sa classe de philosophie, elle écrit : « Je vois dans ces mois au lycée comme l'extinction lente des ambitions scolaires d'Annie D., due à l'intériorisation sans révolte de sa classe sociale[103] ». Il y va parfois d'un attachement inconscient au destin familial que Bourdieu appelait *amor fati*. Une loyauté incapable de déjouer comme de surpasser la condition parentale peut aussi se trouver à l'œuvre dans les renoncements.

Les parents sont à la recherche tantôt de ce dépassement (en quête d'un faire-valoir), tantôt d'une loyauté (poursuivant une image d'eux-mêmes jamais écornée par le devenir de l'enfant) – comme l'exprime encore l'écrivaine : « La fille est retombée du côté du père, qui – face à la mère, déçue – exulte quand il apprend qu'elle ne veut plus "continuer", qu'elle ne veut plus entrer à l'École normale (pas besoin de préciser "d'institutrices", ni lui ni elle ne connaît l'existence de "l'École normale supérieure" et qui aujourd'hui la connaît, en dehors des enseignants et des classes supérieures, justement ?)[104] ».

L'école sanctionne encore et légitime l'héritage familial, pourtant profondément différencié et inégal. Elle peut parfois faire fructifier un désir personnel d'élévation et de revanche sociale, sinon se borner à constater l'impuissance de ceux qui ne savent ni parler ni écrire la culture scolaire sanctionnée. Même en parvenant à saisir l'école comme un tremplin, il n'est pas certain que les enfants des classes modestes accèdent aisément à la propriété ou à se mettre à leur compte.

Des inégalités de genre dans l'héritage économique

S'il peut assurer de quoi survivre aux uns (familles modestes jusqu'aux ultra riches) et pas aux autres, pris dans le sempiternel cercle de l'exclusion, l'héritage serait-il à maintenir ou à abolir ? Il est indéniablement un facteur déterminant, voire un déterminisme social. Comme l'écrivent Céline Bessière et Sibylle Gollac dans *Le genre du capital*, le capital économique familial est redevenu très puissant et crucial dans le statut social des individus : « Alors que la société salariale s'effrite, les appuis économiques familiaux peuvent aussi s'avérer déterminants pour se mettre à son compte, maintenir son activité économique, accéder au crédit ou obtenir des revenus complémentaires du patrimoine[105]. »

En 2023, ce que l'on reçoit a d'autant plus d'importance que nous assistons à un retour en force de l'inégalité patrimoniale en raison de l'effritement du salariat et des politiques sociales – en direction des plus jeunes, des chômeurs comme des retraités. L'héritage constituait moins de la moitié du patrimoine privé des citoyens français en 1950-1960, alors qu'il représente 60 % du patrimoine total en 2010[106]. Être soutenu financièrement et matériellement dans ses études comme dans sa vieillesse est aujourd'hui crucial et vital. L'économiste Thomas Piketty l'a notamment rappelé dans *Le Capital au XXIe siècle*, qui met au jour la situation de la France de ces dernières décennies : un accroissement des inégalités, puisque 10 % des plus riches détiennent 55 % de la richesse nationale.

Les sociologues rappellent, à bon escient, que les inégalités de richesse ne sont pas seulement produites par les rapports marchands, mais aussi par la famille, et que les femmes, surtout dans les années 1960, ont permis l'accumulation d'un patrimoine grâce à leur travail gratuit à la maison et à la limitation de leurs droits sur ce patrimoine. L'exemple type de cette entrave consista dans le legs exclusif au bénéfice des héritiers mâles, ce qui en Grande-Bretagne se nomme le système d'*entail*, aboli en 1925. En France, il faut attendre le Code civil de 1804 pour permettre aux femmes de devenir héritières à parts égales, mais il faut réellement attendre la loi du 13 juillet 1965 pour permettre aux femmes de détenir un pouvoir dans la gestion de leurs biens et une capacité juridique d'accepter une succession, réaliser une donation, acquérir, aliéner ou hypothéquer un bien.

Malgré l'égalité du droit, la réalité vécue et observée est toute différente et encore largement inégalitaire : les femmes sont défavorisées par les arrangements économiques familiaux et les stratégies de conservation et de transmission du patrimoine. Un écart de 16 % en la matière entre hommes et femmes a été mesuré en 2015 par l'enquête « Patrimoine » de l'Insee. L'héritage ne peut qu'aider celles et ceux qui sont issus de milieux aisés. En outre, « beaucoup moins médiatisé que l'augmentation des inégalités de patrimoine entre ménages, l'accroissement des inégalités de richesse entre femmes et hommes n'en est pas moins impressionnant, et semble bel et bien l'accompagner[107].» Cet écart ne cesse d'augmenter, puisqu'il est passé de 9% en 1998 à 16% en 2015.

Maintes raisons l'expliquent. Les études statistiques, l'observation de terrain dans les cabinets notariaux comme les rapports de professionnels du droit démontrent que les femmes sont encore moins bien dotées lors d'un divorce ou encore lors d'un héritage. Un exemple très simple illustre cette inégalité en matière de divorce : la fiscalisation des pensions alimentaires. Celles-ci, majoritairement assumées par les hommes, peuvent être déduites de la déclaration d'impôt sur le revenu, au titre du devoir de secours ou bien pour l'entretien de ses enfants. En revanche, le conjoint qui reçoit cette pension – majoritairement une femme – devra déclarer et payer un impôt sur cette somme[108]. Outre cette asymétrie, nous pouvons nous demander avec Céline Bessière et Sibylle Gollac : «Pourquoi un père séparé déduirait-il de ses impôts sur les revenus sa contribution à l'entretien (alimentation, logement, autres frais) de ses enfants, alors que ce n'est pas le cas des parents qui vivent avec leurs enfants[109] ?»

*

En matière de succession, des inégalités sont également tangibles. D'abord, parce que les notaires, de leur aveu même, ne réalisent pas toujours des évaluations strictes des biens et du partage égalitaire de ces biens, mais fonctionnent de manière inversée : ils distribuent les biens à la demande des héritiers, pour ensuite chercher à procéder à l'inventaire, l'évaluation et trouver des compensations économiques à cette distribution. Comment est-ce possible ? Par le fait que, depuis 2001, une mesure a été introduite qui tempère l'égalitarisme stricte exigé par le Code civil de 1804 : elle rend envisageable de ne plus distribuer des biens de même nature et de valeur égale, mais d'attribuer de manière préférentielle un bien à un héritier qui le compensera financièrement auprès de ses cohéritiers. C'est surtout le cas lorsqu'une maison familiale ou un commerce est légué à un seul héritier. Les familles peuvent désirer fonctionner ainsi pour céder un bien immobilier ou une entreprise qu'ils veulent pérenniser à un enfant avec lequel ils s'entendent bien ou qui se trouve déjà intéressé à l'affaire commerciale en raison de son métier, de son investissement.

Les études sociologiques prouvent que les stratégies familiales de maintien du statut social et de préservation d'une affaire privilégient les hommes. Ces arrangements ont été observés par Céline Bessière[110] dans les entreprises familiales viticoles de Cognac et par Charlotte Delabie[111] dans le secteur métallurgique picard. Les parents envisagent plus souvent de transmettre leur savoir-faire professionnel aux garçons qu'aux filles, même quand ces dernières démontrent plus de compétences. Il s'agit généralement d'une projection du père, convaincu que son héritier de même sexe sera plus à même de reprendre son activité. Il arrive aussi que ce père anticipe à raison les difficultés objectives que rencontrera sa fille pour maintenir son exploitation, puisqu'elle pourra se trouver entravée par les méfiances sexistes de la part des banques, des commissions départementales, des maîtres de stage pour la former, lui confier des terres ou des prêts. Ainsi, en 2015, selon l'enquête « Patrimoine » de l'Insee, les donations reçues par les fils d'indépendants sont plus souvent des biens professionnels que ceux reçus par les filles. Pour l'ensemble des ménages, les héritages des fils sont plus souvent constitués d'un logement avec réserve d'usufruit, de même qu'ils sont plus souvent les bénéficiaires de donations anticipées.

Nous voyons déjà à ce niveau une possibilité d'incompréhension tragique : un parent peut désormais manifester sa préférence dans l'attribution d'un bien à l'un de ses enfants en échange d'arrangements économiques avec les autres. Ces arrangements sont parfois extrêmement mal vécus, comme le montre le roman norvégien *Héritage et milieu* de Vigdis Hjorth, parce qu'ils manifestent une préférence ou un favoritisme, surtout lorsque la compensation financière n'équivaut pas au bien affectif légué. Dans ce récit splendide, une famille est éclatée par des violences et des secrets. Bien avant son décès, un couple parental fait le choix de léguer des chalets de famille à ses deux dernières filles, dont il est plus proche, au détriment de l'aîné et de la cadette. Non seulement les parents dépossèdent leurs deux premiers enfants de ces maisons de famille, mais ils vont également s'arranger pour réaliser une sous-évaluation de ce patrimoine immobilier légué pour favoriser leurs filles favorites. On peut en effet sous-évaluer un bien pour donner une plus faible compensation économique à ses cohéritiers, comme on peut surestimer un bien pour le vendre à des tiers extérieurs et en retirer un maximum de profits.

Les femmes sont souvent celles à qui l'on offre de telles compensations, parfois injustement calculées, parce qu'elles ne sont pas privilégiées dans la reprise d'une affaire familiale. Elles se trouvent donc exclues des stratégies de transfert de terres, de commerces. Même dotée d'une affaire agricole, encore faut-il se trouver soutenue par son conjoint pour exercer. Même bénéficiaire d'une maison familiale, encore faut-il avoir les moyens de racheter les parts de ses frères et sœurs – ce qu'elles peuvent rarement faire en raison des salaires qu'elles perçoivent, inférieurs à ceux des hommes. Même pourvues de diplômes et de postes intéressants, elles peuvent se trouver toujours moins rémunérées que leurs homologues masculins et défavorisées dans leur ascension professionnelle par leur entreprise comme par leurs conjoints. Il se trouve que les notaires accréditent bien souvent ces partages en faveur des héritiers masculins, considérés comme plus aptes à reprendre une affaire, ou tout simplement assez fortunés et bien conseillés pour réaliser des opérations à leur avantage.

Ce biais leur vient de leur propre situation, puisqu'ils sont souvent héritiers d'une charge notariale, comme l'expliquent là encore les sociologues.

Finalement, l'héritage demeure encore un projet du père pour son fils. Un dessin patriarcal. C'est ce que notait Bourdieu, qui décrivait cette réalité sans pour autant dissimuler la difficulté psychologique que représente cet horizon pour un fils : «Hériter, c'est [...] accepter de se faire l'instrument docile de ce "projet" de reproduction. L'héritage réussi est un meurtre du père accompli sur l'injonction du père, un dépassement du père destiné à le conserver, à conserver son "projet de dépassement"[112].» Nous voyons là encore en quoi la famille est le lieu de tensions insoutenables : les parents, le père en l'occurrence, font de leur fils le légataire d'un projet de dépassement qui permettra à la fois d'accomplir et d'excéder leur volonté. Obéir permet de surmonter, tout en demeurant inscrit dans le sillage prétracé par celui que l'on relève.

Abolir l'héritage ?

Si l'héritage est majoritairement un don entre parents et enfants, il n'aide vraiment que des catégories d'individus déjà privilégiés : les hommes, les aînés encore très souvent, et des possédants ayant déjà pu cumuler un patrimoine. Dans les classes supérieures, les dons sont variés et débutent dès le vivant pour aider un individu au long de ses étapes (études, première installation, entrée dans la carrière, etc.). Dans les classes moyennes salariées, ils consistent surtout en un investissement dans les études qui altère le patrimoine parental. Dans les classes populaires, l'entraide est de l'ordre de la cohabitation et du coup de main, et le patrimoine immobilier éventuel n'est que de très faible valeur. Il favorise les favorisés, il aide les aisés, sinon modestes.

Parce que l'héritage demeure un enjeu pour la survie sociale, l'idée de son abolition apparaît difficile, voire improbable. Le sociologue Émile Durkheim dans «La famille conjugale», l'avait pronostiqué, considérant que, peu à peu, les familles étant moins reliées par les biens matériels et les choses que par des sentiments et des attaches affectives, elles délaisseraient la notion d'héritage. La notion de lignée, de patrimoine à préserver s'évanouit de plus en plus. En témoigne la vente de maisons de famille, entretenues par des générations et des générations. Des héritiers ne veulent plus s'en occuper ou demeurer en indivision. Durkheim était persuadé que pour cette raison, la transmission du capital matériel tomberait en désuétude : «Un jour viendra où il ne sera pas plus permis à un homme de laisser, même par voie de testament, sa fortune à ses descendants, qu'il ne lui est permis (depuis la Révolution française) de leur laisser ses fonctions et ses dignités[113].»

L'Histoire a, pour le moment, démenti cette prédiction. Plus que jamais, l'héritage révèle combien la famille est le centre d'enjeux de pouvoir, d'argent et d'inégalités.

La famille est un lieu politique, puisqu'en elle se jouent des rapports de force pour obtenir des bénéfices objectifs (argent et rang social), mais également subjectifs (perpétuation d'un patrimoine, révélation des liens par la symbolique des biens). Le projet d'abolition de l'héritage se heurte à une résistance, car l'idée de transmission du fruit de son travail à des gens aimés et qu'il faudrait protéger, par exemple, est un moteur de vie pour bien des gens.

Durkheim admet qu'il faut pouvoir être motivé par l'idée de transmission, car «l'individu n'est pas pour lui-même une fin suffisante». Il propose l'idée d'une transmission au groupe professionnel. Cette proposition néglige trois choses. D'abord, que les nouveaux modes du salariat contemporain imposent une grande flexibilité et mobilité professionnelle : on peut changer plusieurs fois d'emploi comme de profession. Mais, surtout, elle oublie la priorité de l'affinité élective comme de l'attachement familial sur l'attachement corporatiste. Elle omet aussi une perspective plus souterraine : l'héritage et la transmission ne sont pas seulement un legs pour soutenir et protéger sa progéniture, mais aussi un enjeu de pouvoir dans la famille des ascendants sur les descendants.

*

La notion d'héritage défait ce mythe d'une séparation entre famille apolitique et société civile – politique et économique. Hériter, ce n'est pas seulement une affaire familiale : c'est consolider un rang, amplifier son pouvoir. Nous en restons encore trop souvent à cette dualité naïve, pensant que la famille, c'est l'affect, et que la société, c'est l'argent et le pouvoir. Il faut dire que les récits d'historiens et de sociologues sur lesquels nous nous sommes également appuyés tendent à raconter la famille du XXe et du XXIe siècle comme une institution centrée sur l'attachement aux personnes plutôt qu'aux biens : la montée du salariat et de l'idéologie démocratique du mérite comme de l'institution scolaire, mais aussi le désir d'attachement affectif finissent par épurer les relations familiales des notions de dépendance économique et de transmission du patrimoine. En bref, on s'aime, peu importent nos biens et nos richesses.

Si ce récit est peut-être vrai par certains côtés, il n'empêche pas la famille de demeurer une institution économique et un groupement d'intérêts. Il est illusoire, dans une société capitaliste fondée sur l'accumulation de profits, de croire que la famille ne serait pas elle-même une institution soucieuse de ses intérêts et jouant avec ceux de ses membres. Pour certains milieux, comme les familles d'indépendants – dans les secteurs agricole, artisanal, commercial –, dans des familles de salariés propriétaires ou non, les dons sont encore regardés comme cruciaux pour les parcours. Les sociologues Bessière et Gollac rappellent qu'« au tournant des années 2000, avoir ou non du patrimoine et bénéficier ou non d'appuis économiques familiaux s'avère déterminant pour accéder à l'éducation, à l'emploi et au logement, et ce, du haut jusqu'en bas de la hiérarchie sociale[114].»

En cela, une famille n'est pas qu'un lieu d'affects, elle peut aussi constituer un groupement d'intérêts ; et ces deux points ne sont pas forcément à regarder de manière parallèle. Il se peut que les intérêts économiques entrecroisent les affects (un enfant peut avoir du ressentiment pour un parent qui ne veut pas l'aider, ou bien au contraire développera des liens avec celui ou celle qui l'aide) et que les affects circulent par les transferts économiques (un parent ou une tante peut montrer son amour par un soutien financier ou un don à son enfant ou sa nièce). Certains et certaines ne font d'ailleurs famille que pour constituer un tel groupement, qui permettra de valoriser et de faire fructifier un patrimoine, sinon des fruits.

Une économie de l'amour

Le moment d'un héritage cristallise parfois avec une violence inouïe les notions d'égalité et d'équité, de créance et de dette, montrant à nouveau l'équivocité du foyer. Il n'y a rien de plus éprouvant que de se croire à l'abri de la politique – assimilée aux notions d'autorité et d'ordre, de conflit d'intérêts et de lutte – et de découvrir que cette réalité irrigue déjà notre foyer, du berceau à notre chambre d'adolescent. Nous avons beau aimer nos frères et nos sœurs, cet amour ne nous prémunit pas toujours de la jalousie parfois causée par l'injustice des parents, les gratifications inégales ou injustifiées. Outre les biais sexistes, il existe aussi des histoires d'amour et de préférences.

Lorsque je devins sœur pour la première fois, je redoutai au plus haut point de perdre l'amour de mes parents, leur reconnaissance et leur attention. Cette crainte, parfois moquée d'eux, était pourtant légitime. Je crois que les parents ont, secrètement, des préférences. Cela ne veut pas dire que celles-ci sont les mêmes toute leur existence, elles peuvent varier évidemment autant que la vie nous change. Une amie, Laure, me confia un jour, avec beaucoup d'honnêteté, les questionnements qui la travaillaient à l'idée d'être mère pour la deuxième fois : comment aimer le deuxième autant que le premier ?

Son interrogation rendait justice à cette idée noire que j'avais traversée sans jamais en recevoir la validation de la part de mes parents : bien sûr, un parent peut avoir tant aimé le premier-né qu'il redoute de ne pas aimer le deuxième. Évidemment, sa peur rend d'autant plus essentielle la question de son enfant : m'aimeras-tu moins pour aimer l'autre ? Vas-tu devoir couper ton amour et le limiter ? Marguerite Duras rapporte qu'elle essaya d'expliquer cette délicate réalité à sa mère : « J'ai essayé de lui exprimer que la préférence qu'on avait d'un enfant pouvait se traduire par des détails à peine perceptibles, infinitésimaux, et que même si la mère n'en était en rien responsable, cette différence dans l'amour était subie comme un malheur par les enfants moins bien aimés[115]. »

Les parents refoulent souvent leur réflexion sur l'économie de leur amour : donner assez, donner autant, donner plus ou donner moins. Les enfants, mieux que quiconque, le savent et ne l'oublient pas. Ils redoutent cette circulation parfois malmenée de l'affection et des récompenses, surtout au moment de l'agrandissement de la fratrie. Cette inquiétude légitime est pourtant cruellement omise et peut se prolonger, plus tard, dans des batailles plus féroces, au moment des héritages. Le film de Comencini, *L'Incompris* (1967), me bouleverse parce qu'il s'empare de cette question passée sous silence, celle de l'injustice parentale à l'endroit de la fratrie.

Le réalisateur italien met en scène l'histoire de deux frères, douloureusement confrontés au décès de leur mère. Le père, dépassé par l'évènement, se met à protéger son cadet, Milo, au détriment de son aîné, Andrea, persuadé que celui-ci se trouvera plus à même d'affronter le deuil et la perte, voire d'aider son petit frère. La responsabilité qui se trouve imputée à l'aîné est si forte que le père, Sir John Edward Duncombe, lui confie l'annonce de ce décès et lui défend d'en parler à son frère afin de le protéger. Le petit Milo doit croire que sa mère est en vacances et ne rien savoir du drame qui traverse son foyer et affecte son frère. L'incompréhension, d'où provient le titre du film, vient précisément d'une méprise : Andrea, qui feint l'indifférence pour cacher son chagrin et ne pas perturber son frère cadet, est pris pour un insensible par son père. Il perçoit en réalité la préférence de son père pour le benjamin et souffre en silence d'un double abandon : la disparition de sa mère et la négligence de son père.

La solitude dont souffre Andrea conduira à un autre drame familial, montrant combien la sensibilité infantile se trouve négligée. On reprochera au film, lors de sa sortie, d'avoir cherché à commercialiser le thème de l'enfance et d'avoir fait, en ce domaine, une intrusion répugnante. C'est dire combien, en réalité, la dénonciation de Comencini heurte le monde autoritaire des adultes encore si bien installé à cette époque. À ne rien vouloir dire à ses enfants, le consul les empêche de faire le deuil de leur mère, de développer entre eux des liens réciproques et authentiques, de bénéficier d'un même traitement, comme de parvenir à une parole sincère. L'enfant, toujours considéré comme inachevé et impuissant, se trouve écarté de toute entreprise de verbalisation de la douleur, d'articulation des différends.

*

Le conflit entre héritiers est chose courante. La succession est toujours un mélange d'enjeux affectifs, symboliques, matériels et juridiques, si bien que les arrangements familiaux ne sont jamais uniquement des questions d'argent et de biens, mais aussi d'affects.

Bien des motifs peuvent diviser une famille, et ces dissidences nous passionnent. Ces déchirements familiaux et leurs conséquences patrimoniales intriguent les foules, à l'image de la succession de Johnny Hallyday ou du départ du prince Harry en Californie loin de sa famille royale et de sa récente expulsion de Frogmore Cottage[116].

La survenue d'une séparation ou d'un divorce est un moment clé de l'économie affective des familles. Si l'amour compte pour les parties prenantes, il peut aussi entrer dans une comptabilité : qui a donné quoi ? C'est l'heure d'énumérer ce qui a été donné et reçu de façon immatérielle comme matérielle. Dans *L'Économie du couple*, un film de Joachim Lafosse (2016), Boris (Cédric Kahn) est un homme qui ne veut pas se séparer de son épouse (Marie) incarnée par Bérénice Bejo. Boris est un homme modeste qui vit de petits boulots manuels. Il a rénové lui-même leur maison et lui ajoute ainsi une plus-value. Marie est issue de la bourgeoisie. Elle travaille et gagne bien sa vie ; c'est elle qui a avancé les fonds pour l'achat de la maison. Au moment de se séparer, Boris réclame sa part, peut-être par conviction – car il estime avoir investi cette maison dont il a assuré les travaux et donné de la valeur –, peut-être pour ne pas rompre leur lien et l'entretenir par le conflit, puisque sa femme conteste ce partage. Il s'agit toujours de faire payer à l'autre son désamour ou sa décision – par l'argent ou par la souffrance.

Le moment d'une succession peut également jouer le rôle d'un catalyseur de conflits refoulés où il s'agit de contester des partages, d'en revendiquer d'autres que l'on croit plus conformes à la réalité de nos investissements affectifs. Tantôt soucieux d'une juste répartition, tantôt prêts à contester l'égalité pour faire valoir la réalité vécue des investissements et des affects en jeu, le divorce ou l'héritage sont des moments où la comptabilité de l'amour joue son plein. Comme nous l'avons vu, certains enfants sont privilégiés dans la reprise d'une affaire. Parfois, ces compensations demeurent inégales. Ainsi, dans cette histoire rapportée par Céline Bessière et Sibylle Gollac, nous rencontrons Marcelle Pilon, boulangère de métier qui, au moment de sa retraite, procède à la donation de son commerce à son fils, à la défaveur de ses filles. L'aîné Pierre a déjà reçu un fonds de pâtisserie à quatorze ans, et il hérite de la boulangerie de sa mère en échange de la fourniture gratuite de pains et viennoiseries auprès de ses trois sœurs. Si Mme Pilon a vendu un moulin pour financer les études supérieures de ses filles, cette vente n'a pas pu totalement couvrir les frais desdites études, et ses filles ont parfois travaillé à la boulangerie de manière gratuite sans aucun statut salarié.

Bref, le partage n'est pas totalement égal. Ce cas aurait pu déclencher un véritable déchirement dans la fratrie au nom de la justice et peut-être aussi au nom de l'amour. Les sœurs Pilon auraient pu percevoir cet avantage donné à leur frère comme une préférence maternelle et en souffrir. Elles auraient pu vouloir, contre vents et marées, se battre afin de ne pas laisser cette affinité élective prendre la forme d'une injustice comptable, comme c'est le cas dans d'autres familles. Il est intéressant de découvrir qu'en l'occurrence un autre scénario fut choisi. L'avantage n'est pas perçu comme tel par la fratrie mais plutôt d'une autre façon qui convient à tous : Pierre a sacrifié ses choix de vie et d'études pour préserver le commerce et la réputation familiale. Ce choix peut bénéficier aussi à ses sœurs, qui vivent non loin et détiennent des fonctions importantes dans le village. Parfois, l'impératif de cohésion familiale passe par la préservation de la réputation d'un nom et d'un patrimoine aux dépens de la justice et des intérêts individuels. Cela exige, évidemment, de placer la valeur famille comme la volonté parentale au-delà de son souci propre.

*

Il existe mille et une façons de ne pas honorer l'égalité ou l'équité d'un partage. Ces jeux subtils révèlent quelque chose de l'attachement. Certains dons financiers marquent le soutien, d'autres cherchent à créer une redevabilité et un contrôle parental. Comme le remarquait déjà Locke, les parents « arrivent à leurs fins en jouant de la récompense qu'ils tiennent en mains, de manière à imposer cette soumission et à la primer[117] ». En s'appuyant sur le travail de l'économiste Viviana Zelizer, dans *The Purchase of Intimacy*, il faut réaffirmer que ces transactions intimes sont à la fois des transferts économiques et sentimentaux. Les injustes divisions contribuent à distancier les enfants de leurs parents, mais elles risquent surtout de séparer les frères et sœurs, témoins d'une injustice qu'ils ne veulent pas remettre en question, par lâcheté, par égoïsme, sinon par respect de la volonté.

Comme le note la thérapeute Nicole Prieur, « derrière les échanges d'argent intrafamiliaux se glissent des attentes et des désirs, des messages non explicitement exprimés. Il est essentiel d'en prendre conscience pour éviter que ne surgissent malentendus et conflits[118] ». La valeur symbolique de l'argent peut entrecroiser sa valeur économique. Un parent qui aide davantage l'un de ses enfants peut manifester une préférence, mais parfois pas : cette aide ne reflète pas du tout une valeur affective et symbolique proportionnelle à ce don financier. Autrement dit, des parents peuvent secourir un enfant au chômage, ou endetté, voire dans une précarité réelle, sans qu'il s'agisse par là de l'aimer plus que ses frères et sœurs. Cependant, cette distinction suppose parfois une explicitation.

Certains considéreront que le droit et l'argent sont des façons de corriger ce qui n'a pas été assez droitement distribué. Si l'argent peut réguler les donations et atténuer une asymétrie, il est un leurre de croire qu'il corrigera des affects asymétriques ou le choix blessant de ses parents. Ce choix de la contestation du partage peut rectifier une répartition économique, mais pas nécessairement affective.

*

On peut aimer sa famille tout en étant intéressé par la fortune de ses parents, non seulement par souci de reconnaissance, mais parce que l'on est intégré dans une société capitaliste où l'argent confère un pouvoir. Dès lors, les êtres qui fondent une famille connaissent l'importance de leur soutien matériel. Ils savent aussi, intuitivement sinon consciemment, que les dons d'argent peuvent matérialiser et signifier un soutien affectif. L'argent est un médium très complexe des enjeux de pouvoir, qui peut devenir un enjeu relationnel en famille. Ainsi, l'argent de poche comme les dons manuels ont de multiples significations affectives qui dépendent du contexte. Ces libéralités peuvent être utilisées pour aider, mais aussi pour rendre redevable, sinon pour se déculpabiliser de ne pas être présent pour son enfant, par exemple. Cette économie de l'amour doit nous pousser à explorer une autre transmission, invisible et inconsciente cette fois-ci : celle des croyances et des désirs, des espoirs et des chagrins, des non-dits et des secrets.

Chapitre 6

Découvrir

> «J'étais sa mère et elle était la mienne. Je naissais à elle, je naissais au monde par elle, elle m'avait accouchée et j'en étais douloureuse, bouleversée, cabossée. Je naissais de la naissance de ma fille, éprouvée d'elle.»
>
> É. Abécassis, *Un heureux événement*

Appartenant d'abord aux autres avant que de s'appartenir, nous recevons toujours quelque chose, même si ce don s'avère être une épreuve, une douleur, une violence ou un secret. J'ai parlé précédemment d'héritage en tant qu'il prend la forme d'un capital culturel, symbolique et économique. J'aimerais évoquer ce que j'appelle un *capital cryptographique*, c'est-à-dire un ensemble de biens immatériels légué par nos aïeux. Ce capital-là est d'autant plus intéressant qu'il est transmis sans une pleine conscience et qu'il se trouve modifié par ceux qui le reçoivent. Non-dits, secrets de famille, mythes familiaux, mais encore émotions et croyances véhiculées à notre insu et dont nous nous trouvons alors les héritiers peuvent nous embarrasser.

Va-t-on porter ce capital, sans le savoir, et le léguer à notre tour, tel quel ? Arriverons-nous à le mettre à jour et à nous en délivrer ? Un trauma vécu par un ancêtre sans être verbalisé, compris et accepté peut se trouver transmis de génération en génération, et engendrer des perturbations, parfois graves, chez des descendants. Dès lors, chaque enfant se trouve confronté au choix de l'élucidation ou du refoulement face à ce qui encombre, gêne et fait souffrir sa famille. Par sa grande attention à ses parents, il montre une intuition décuplée et un potentiel de résolution des problèmes hors du commun. Ce pouvoir de l'enfant doit permettre de soulever une question importante et souvent oubliée : n'y a-t-il que les ancêtres pour transmettre et léguer des biens ?

L'expérience vécue et rapportée tend à montrer que les enfants sont aussi des maîtres d'apprentissage pour leurs parents : ils peuvent leur enseigner la responsabilité, voire l'amour. Ils détiennent parfois l'incroyable faculté de découvrir des secrets de famille, de lever des non-dits, comme d'apporter des solutions insoupçonnées et de guérir leur famille. Le retournement des missions doit devenir un sujet d'interrogation, car nous ne nous sommes toujours pas débarrassés de cette manie de croire que l'antérieur est le supérieur, que l'antécédent est le donateur et le passé sans avenir. Les enfants ne transmettent-ils donc rien à leurs ancêtres au motif que ceux-ci sont plus expérimentés, plus anciens, plus savants ?

Recevoir des désirs

Porter un enfant, c'est bien souvent, consciemment ou non, lui insuffler ses propres désirs : «Tu auras ce que je n'ai pas pu avoir», «tu feras ce que j'aurais voulu devenir», «tu iras dans cette voie que je crois la meilleure pour toi». Faire famille, c'est aussi redonner à sa personne des possibilités oubliées, c'est offrir à ses fantasmes mourants des résurrections. L'enfant sent ces désirs parentaux: convictions existentielles, bribes de rêves inaccomplis ou de volontés avortées. Ce sont les mots de Friedrich Nietzsche, dans *Le Gai Savoir*, qui me reviennent à propos de ces petits-fils qui «porteront l'intériorité de leurs aïeux en plein jour, cette intériorité dont les aïeux n'avaient pas le moindre soupçon». Comparant ce transfert transgénérationnel à l'évolution biologique, le philosophe ajoute : «Nous sommes tous des volcans en croissance qui attendent l'heure de leur éruption : quant à savoir si elle est proche ou lointaine, nul assurément ne le sait, pas même le bon Dieu[119].»

Les enfants sont aussi les catalyseurs de désirs de leurs parents, latents ou manifestes. Ainsi, dans son dernier ouvrage, *Le temps des féminismes*, l'historienne Michelle Perrot explique que son père la poussa à devenir médecin car son engagement de soldat durant la Première Guerre mondiale l'en avait personnellement empêché : «Il me poussait, moi sa fille unique, à faire ce qu'il regrettait de ne pas avoir pu faire[120].» Si ce désir n'a pas été pleinement transmis à l'autrice, qui choisira d'étudier l'histoire, il est un témoignage de ce que les parents cherchent à actualiser ces tendances mimétiques, voire ces transmissions secrètes, à travers leurs enfants.

Tel enfant peut en effet se retrouver porteur de la motivation de reprendre l'entreprise familiale ou le métier d'un de ses parents – et parfois, sans avoir subi une injonction tacite ou explicite de la part de sa famille –, cherchant à prolonger sa parenté, sinon à faire mieux que ses prédécesseurs. La famille ne transmet pas que des legs matériels, elle livre aussi des désirs. En sociologue, Pierre Bourdieu avait cerné cette problématique en affirmant que le projet parental est toujours porteur de tracas et de contradictions, sauf pour celui qui intériorise et accepte un tel programme esquissé avant lui et sans lui. Mais, pour ceux qui n'acceptent pas pleinement le dessein parental, l'avancée peut être chargée de culpabilité. L'enfant tourne autour du désir parental, qu'il peut renier, accepter, moduler.

C'est, par exemple, le cas de conscience qu'affronte la fille ou le fils transfuge de classe. L'ascension sociale d'un fils ou d'une fille «est en quelque sorte son propre accomplissement, la pleine réalisation d'un "projet" brisé qu'il peut ainsi achever par procuration», comme l'écrit Bourdieu. Mais il se peut aussi que ce dépassement représente une trahison : les parents peuvent inconsciemment ou non émettre un «interdit de différer». Dans de nombreux autres cas, l'enfant peut encore refuser d'être la prolongation de l'un de ses parents par résistance et par affirmation de soi.

Mais, même en ces refus, l'enfant éprouve une déchirante expérience : s'il prolonge la volonté parentale, l'enfant semble s'oublier deux fois, en se soumettant et en prolongeant, tandis que, s'il refuse cette volonté, il se détermine contre elle et la trahit. Le choix est douloureux, parce qu'il est aliénant. Dans un cas, il s'agit de s'éloigner de soi pour ressembler au prédécesseur; dans un autre, il s'agit de s'éloigner de son terreau familial pour aller au-devant de soi. Tel est le paradoxe : réussir et accomplir la volonté parentale, c'est aussi échouer à s'affirmer soi. Mettre en échec ce projet peut aider à devenir soi-même.

Des secrets de famille

En tant qu'enfants, nous recevons des désirs latents, mais nous recevons aussi des douleurs inconnues, tels des non-dits qui nous prendront du temps pour les mettre au jour. Dans *Ceux qui s'aiment se laissent partir* de Lisa Balavoine (2023), la narratrice raconte son enfance désœuvrée auprès d'une mère dépressive et excentrique. Soucieuse de ne pas reproduire ses négligences et de se débarrasser de ses chagrins, elle constate pourtant avoir porté sa douleur et l'avoir transmise, sans le vouloir, à sa fille aînée : « Peut-être est-ce de ma faute si elle a été aussi malheureuse, aussi longtemps, peut-être est-ce toi que je lui ai transmis, ton mal-être à toi, ton mal-être devenu mien [...][121] ». Sa fille lui écrira au moment du décès de sa grand-mère (et mère de la narratrice) : «J'ai longtemps pensé que ma grand-mère était morte pour que je revive.» Le mal-être, voire la douleur, ont un pouvoir de contamination, surtout au sein de la constellation familiale, tenue par les chaînes de la dépendance et de la vulnérabilité.

L'émotion embarrassée et refoulée se transmet. Elle peut aussi couvrir un non-dit : ce qui n'est pas dit sans être profondément dissimulé à la manière d'un secret. Le non-dit est un trait spécifique à la famille pour trois raisons au moins : d'abord, nous avons longtemps cru que l'enfant n'était pas assez intelligent, sinon mûr, pour entendre des vérités. Ensuite, la plupart des adultes ne savent pas assumer et exprimer leurs émotions face à des évènements difficiles et douloureux. Enfin, les situations violentes, délictueuses, voire criminelles sont couvertes sous l'impératif de cohésion porté par la morale familialiste. Mes familles, comme toutes les autres, ont généré de tels non-dits.

Bien des silences ont par exemple perduré entre mes grands-parents Annette et Michel au sujet de leur séparation, de sorte que je ne comprenais pas toujours tous les évènements qui avaient eu lieu entre eux et les émotions difficiles qu'ils semblaient l'un et l'autre porter. Il a fallu attendre les derniers instants de mon grand-père, alors qu'il était malade et hospitalisé, pour que je le voie parler sincèrement avec ma grand-mère. Pour la première fois, je les ai vus se confier les derniers messages cruciaux de leur existence. Cette scène finale représente un dénouement inattendu, un soulagement, car il est toujours bienheureux d'entendre des êtres à l'origine de votre existence communiquer pour libérer l'inexprimable et l'indicible. Entendre des êtres se parler vraiment est une grâce.

Certains et certaines ne se confrontent jamais à leurs secrets, sinon à leurs non-dits. Il peut s'agir de la mort mystérieuse d'un oncle qui s'avère être un suicide dissimulé. Un décès infantile. Une mort en couche. Un inceste. Un mariage non désiré. La douleur d'être un enfant non reconnu par l'un de ses parents. Un traumatisme de guerre. Tant d'autres situations pourraient être encore énumérées dans lesquelles des êtres ont souffert de la honte, de la culpabilité, de la peur, redoublée par l'interdit de pouvoir en parler. Des émotions, des douleurs et des questions qui ne nous appartiennent pas peuvent, vaille que vaille, nous tourmenter aussi, alors même qu'elles sont les thématiques d'autres êtres. Ces héritages font pourtant mal, car ils sont l'objet de tabous, de non-dits, et parfois de violences intrafamiliales subies de manière collatérale.

Nous devons souvent, enfants et petits-enfants, nous charger de clarifier, d'expliciter, de résoudre et de nous débarrasser aussi de ces faits et évènements qui furent générateurs d'émotions refoulées et contenues dans une réserve de silences et d'agressivité. Nous les sentons sans toujours oser les questionner. Cette mission ne nous apparaît qu'une fois devenus jeunes adultes. Ainsi, les deux derniers conflits mondiaux ont massivement touché les familles, et, pourtant, nombreux professeurs constatent combien les lycéens ne connaissent pas la vie de leurs grands-parents ou de leurs arrière-grands-parents. Un collègue professeur d'histoire me rapportait par exemple qu'à l'occasion d'un cours sur la Seconde Guerre mondiale, il avait diffusé un documentaire sur la migration de familles françaises du nord vers le sud du pays, durant l'Occupation. Coup de théâtre : l'une de ses élèves s'écria que l'homme qui parlait devant la caméra était son grand-père. Elle ne savait pourtant rien de l'histoire familiale.

Advenir à soi-même suppose aussi de se défaire de ce qui vous possède malgré vous et contre vous – des êtres, des désirs, des symboles, des valeurs ou des croyances familiales sont à laisser sur le côté. Par ce courage, nous nous transformons parfois en de véritables guérisseurs et devenons des maîtres d'apprentissage pour nos parents, leur enseignant alors avec plus d'aisance et d'évidence ce qu'ils auraient déjà dû élucider pour eux-mêmes avant que de nous mettre au monde. Cette étrange inversion des rôles n'est que trop rarement exposée.

*

Il existe un mot en allemand : *Unheimliche*. On y entend à la fois *Heim*, qui renvoie aux notions de maison ou de foyer, connotant ainsi le familier ou la familiarité, et *Geheimnis*, qui signifie ce qui doit demeurer secret ou caché. Un important essai de Freud s'intitule

Das Unheimliche, traduit diversement par Marie Bonaparte en 1833 par «l'inquiétante étrangeté», tandis que d'autres traducteurs comme François Roustang proposent «l'étrange familier». L'allemand nous révèle donc un entrelacs intéressant. Tout se passe comme si le familier était aussi le lieu même du secret. Comme si le secret supposait la familiarité pour être conservé et véhiculé. Délivrer un secret, c'est aussi une façon d'imposer une familiarité avec quelqu'un.

Mais toutes les familles ont-elles des secrets ? Pour répondre, il faut en revenir à cette notion de secret. Il ne s'agit pas seulement d'un simple non-dit. Ce non-dit doit être activement tu et connu d'un nombre limité de personnes. Souvent, le secret est relié à un évènement qui fait honte. Il peut toutefois aussi s'agir d'un évènement irreprésentable. Selon le psychanalyste Serge Tisseron, pour que naisse un secret, il faut d'abord qu'à une génération, un individu ou un groupe ne parvienne pas à parler «de ce qu'il a fait, de ce qu'il a laissé faire, ou seulement de ce dont il a été le témoin, même impuissant[122]». Cette impossibilité peut concerner des évènements purement privés ou encore des évènements collectifs douloureux et mal vécus, tels qu'une catastrophe naturelle, une guerre ou encore une épidémie. Il ne suffit pas toujours de connaître l'évènement pour s'en trouver soulagé, car un secret est aussi entouré d'émotions douloureuses, pénibles, voire insoutenables : émotions de la victime, mais aussi émotions collatérales des conjoints et enfants subissant le rapport à un être cachant un secret ou cherchant à percer un secret.

Serge Tisseron a travaillé et popularisé la notion de « secret de famille », à travers son incroyable décryptage du secret de famille qui hante l'œuvre du dessinateur Hergé dans *Les Aventures de Tintin.* Dans *Tintin chez le psychanalyste,* paru en 1985, il montra à partir d'une étude des albums de la bande dessinée comment l'œuvre du dessinateur dissimulait les indices d'une vie familiale houleuse et de secrets mal vécus par son auteur. En 1987, cette hypothèse interprétative se trouva confirmée : le père de l'artiste, Alexis Rémi – tout comme son frère jumeau – souffrait d'être le fils illégitime d'un homme issu d'une classe sociale plus élevée que celle de sa mère. Cette dernière fut abandonnée des siens pour avoir eu des fils d'un homme noble, en même temps que méprisée pour ce statut de fille-mère. Selon le psychanalyste, Hergé « utilisa le dessin pour explorer, révéler, symboliser et finalement dénouer les fantasmes de son propre père dont l'expression émotionnelle et verbale s'était trouvée bloquée par la situation familiale, et dont il avait vécu, lui son fils, les effets[123] ».

*

Les douleurs ne sont un véritable problème que lorsqu'elles ne trouvent aucune voie de libération, de réparation ou de soulagement. Lorsqu'elles ne peuvent être vécues, dites, représentées et partagées. Elles se perpétuent en soi et dans les siens. Les enfants ont, par une certaine virginité relationnelle et sociale, une écoute, une ouverture et une disponibilité plus profonde à ces liens, à leur fluidité ou à leur entrave. C'est aussi parce qu'ils ont des attentes importantes et cruciales qu'ils manifestent cette attention spéciale et parfois extralucide.

Le manque d'information, voire la volonté de cacher des informations, peut, dans une famille, endommager la communication interne et altérer les relations affectives. Le secret est une façon de figer les croyances partagées du mythe familial sur les rôles et relations des membres. Cette rigidité a pour effet de rendre impossible pour chacun d'occuper la place qu'il souhaite dans le système. La faculté de changer de rôle, de prendre de la distance, voire de rompre est bannie. Le secret génère des règles strictes et sclérose le cercle familial.

Le dernier film de Steven Spielberg, *The Fabelmans* (2023), est une véritable plongée au cœur d'une enfance bouleversée par un secret. Passionné de réalisation et de montage cinématographique, le jeune Sammy Fabelman va découvrir le secret de sa mère : sa liaison de longue date avec le meilleur ami de la famille, Bennie. Le dévoilement de ce fait semble expliquer bon nombre de comportements intrigants, voire étranges de sa mère, au bord de la dépression nerveuse. Il va également reconfigurer les liens familiaux : Sammy va en vouloir à sa mère d'avoir brisé l'union familiale comme de blesser son père, mais il va doublement lui en vouloir de ne pouvoir partager avec quiconque cette découverte douloureuse. Cherchant à étouffer ce qu'il sait, l'adolescent modifie ses relations et prend ses distances avec chacun des membres du foyer. Plus le temps passe, plus ce tabou dérègle la famille pourtant heureuse et joyeuse.

*

Un secret affecte le parent qui en est porteur et la relation à son enfant, mais il peut également perturber sa relation à son conjoint, qui sera lui-même affecté dans sa relation à l'enfant. Les attirances conjugales sont d'ailleurs parfois motivées par le fait de « percevoir inconsciemment en l'autre un problème indicible semblable à celui par lequel il est lui-même accaparé[124] », selon Tisseron. La conséquence majeure et évidente du secret, de sa dissimulation comme de son poids, est l'indisponibilité, l'inattention et la maladresse, voire la violence pour celui qui s'en trouve victime : conjoint et surtout enfant. Ce dernier, pourtant ignorant et dépourvu de mots, peut déjà sentir qu'une épreuve entame et mobilise la psyché de son parent. Il cherche à la découvrir et à la traiter. L'œuvre d'Hergé exprime justement la construction inconsciente qu'il élabora enfant pour répondre à une question ancrée par un secret familial inaccessible.

En somme, la famille, le couple parental d'abord, laisse à ses héritiers des douleurs inconscientes et qui ne leur appartiennent pas. Les parents peuvent arguer du souci de protéger leurs enfants de messages douloureux, ou tout simplement trop complexes à comprendre. Il s'agit en réalité de dissimuler par là sa responsabilité ou bien sa honte, sinon son humiliation. Diverses techniques sont mises en place, inconsciemment, pour détourner l'enfant de la compréhension du fait : le silence, ou bien sinon le mensonge, voire une forme de manipulation en nommant les émotions à contresens : qualifier de caprice la douleur exprimée par un enfant face à une séparation parentale ; démentir sa tristesse ou sa colère alors que l'enfant a bel et bien perçu ces affects. Les conséquences de ces mécanismes de protection et de défense sont coûteuses et dommageables. Les secrets de famille peuvent susciter des troubles, des souffrances, parfois extrêmes, et même des pathologies psychiatriques. Mais il arrive aussi que ces secrets génèrent un chercheur, un thérapeute, un artiste qui exhumera et explorera ce legs secret par sa production.

Les familles sont des écosystèmes dans lesquels des vivants naissent et évoluent. Les évènements vécus, les choix entrepris, les affects sont le lot de la vie humaine et donc de ces groupes. Que nous le souhaitions ou non, nous disséminons nos émotions, et plus encore lorsqu'il s'agit d'êtres avec lesquels nous entretenons des liens de dépendance, d'affection intense et dont nous attendons qu'ils nous aident à nous représenter notre venue au monde et communiquent leur vision des choses. Pour Tisseron, la circulation du secret à travers des générations est un critère, sinon un signe d'un système familial : « Que les ancêtres puissent continuer à vivre ainsi à travers des descendants n'est-il pas le signe distinctif d'une vraie famille ?[125] » Peut-être nous trouvons-nous là, en effet, devant un critère déterminant de ce qu'est une famille, qu'elle se trouve construite par les liens du sang ou de la vie commune et continue : la circulation des émotions et les représentations des évènements vécus personnellement et ensemble à travers les âges et les générations.

Les enseignements des enfants

Les enfants ne transmettent pas, mais ils enseignent. Les enfants peuvent apprendre la joie, une pensée différente et des expériences nouvelles à leurs parents. Ils initient à la parentalité, ils imposent parfois une écoute et un type d'échange que leurs parents n'avaient pas eux-mêmes entretenus avec leurs parents. Dans son livre *Un heureux événement*, Éliette Abécassis raconte comment elle découvre, tout de suite après son accouchement, la façon mystérieuse dont sa fille sait instinctivement la téter, se nourrir et vivre, tandis qu'elle demeure effrayée par son ignorance et son incapacité à s'occuper d'elle. C'est l'enfant qui initie ses parents, par la force de l'évènement, à leur rôle. Il peut, par sa vulnérabilité spécifique, ses besoins propres, sa dépendance, apprendre la responsabilité, le soin, une forme de sacrifice de son temps, de son énergie comme de ses passions.

La philosophe et autrice décrit, sans ambiguïté, la radicalité de cette expérience de la maternité, de l'accouchement, de la vie de famille dans ce qu'elle a de bouleversant, de radical, d'épuisant et de décevant. Elle lui apprend une forme de renoncement à sa vie d'adolescente et de jeune adulte, une résignation à ne plus cultiver sa beauté, un délaissement de ses passions et notamment de sa thèse de philosophie. Cet enfantement la pousse, malgré elle, par ses écueils et ses difficultés, à abandonner bien des caps et des désirs, y compris sa vie de couple. Par là elle lui impose un vieillissement, une usure, une obsolescence d'une vie libre, légère, tournée vers les amitiés et la fantaisie.

Elle lui apprend d'autres choses. D'abord la responsabilité, la matérialité, un autre rapport au corps, une autre animalité. L'observation de sa fille et de ses réactions spontanées et étonnées lui enseigne aussi l'enthousiasme : « Quand elle voyait quelque chose ou quelqu'un qui lui plaisait, elle tressautait de joie. Elle m'enseignait l'importance du plaisir. Elle vivait son plaisir totalement, pleinement. Elle m'avait aussi appris que pour accepter de recevoir, il faut faire confiance. Lorsqu'un inconnu tendait un objet à Léa, elle ne le prenait pas. Ce n'est pas donner qui est difficile. C'est vrai : elle a bouleversé ma vie. Et pourtant, elle n'était qu'un bébé. Elle m'a poussée dans mes retranchements, elle m'a fait dépasser toutes mes limites, elle m'a confrontée à l'absolu : de l'abandon, de la tendresse, du sacrifice. Elle m'a disloquée, et elle m'a enfantée[126]. »

Les parents et le tout familial s'accaparent souvent les enfants et semblent considérer qu'ils leur appartiennent. Une idéologie telle que l'impératif de faire lignée, de transmettre un capital patrimonial peut présider à cette manière propriétaire de penser son lien à son enfant. Mais n'en omettons pas une autre, qui se fonde sur l'entrelacs des chairs senti par les parents, et peut-être davantage par les mères qui mettent au monde : habitées par un corps étranger, elles se sentent autant appartenir à leur enfant qu'elles pensent que celui-ci leur appartient. Cette inclusion des corps peut produire cette impression d'une confusion des êtres et une coappartenance.

*

Il est des enfants qui cherchent à enquêter sur leur famille, parce que les douleurs des non-dits, la joie forcée des réunions, l'exaltation de mythes rigides et faux les empêchent d'accéder à des relations franches aux leurs et à eux-mêmes. Une question de sensibilité, mais aussi de rencontres, et d'autres facteurs difficilement identifiables provoquent chez les uns l'acceptation, chez d'autres le refus. Ils peuvent alors devenir les guérisseurs de leurs parents hantés, troublés ou encombrés par un secret de famille douloureux. Il ne s'agit pas seulement de la douleur de l'évènement dissimulé, mais aussi du silence et de la honte qui entourent ce fait et semblent préoccuper les parents.

Un enfant peut chercher à comprendre et à découvrir ce qu'il pressent et qui lui est dissimulé. Pourquoi ? Parce qu'en ayant besoin de son parent pourtant indisponible car accaparé par sa souffrance ou sa propre incompréhension de l'évènement, l'enfant va chercher à augmenter sa disponibilité par le fait de le soulager de son fardeau émotionnel. Comme l'écrit Tisseron, l'enfant joue alors le rôle de « psychanalyste » sans mots de son parent blessé qu'il cherche à comprendre et à soulager pour obtenir de lui davantage d'amour et d'attention. Un enfant dont les parents et les grands-parents portent et dissimulent un secret se trouve alors lui-même porteur d'une lacune ou « d'un point d'appel pour un intense travail de symbolisation destiné à en combler la lacune », selon Tisseron.

Mon oncle paternel et sa compagne sont parents de jumeaux. Il y a un an, j'appris que l'un des deux frères ne pouvait plus dormir la nuit, car il était obsédé par la question de la mort et surtout par la disparition de son grand-père maternel. À l'âge de sept ans, sa sensibilité à la question de la mort est puissante, et il devient brutalement tourmenté et obsédé par un aïeul inconnu, dont on ne lui parle jamais, sinon pour lui expliquer qu'il est parti au ciel, des décennies avant sa naissance. Ce qui ne lui a pas été dit, c'est que le père de sa mère, qu'il n'a jamais connu, fut assassiné par des Khmers rouges. Un thérapeute est sollicité pour aider mon jeune cousin. Il recommande de tout lui expliquer et de répondre à toutes ses questions : l'histoire du pays, la vie de son ancêtre, ce qu'est un Khmer rouge (photo à l'appui) et l'assassinat.

Tout sera dit et, après deux séances, il ne montre déjà plus de signes d'angoisse et se remet à dormir. Peut-être avait-il senti combien sa mère était habitée par ce deuil tragique et traversée par une histoire qui la conduisit, elle et sa fratrie, à quitter son pays pour la France. L'enfant va s'acharner à découvrir, et sinon à représenter et exprimer, ce qui ne l'a pas été par les générations précédentes, et surtout par ses parents : à la fois pour les soulager, mais aussi pour obtenir d'eux une affection libérée de l'angoisse et des douleurs.

Accaparé par un tel travail de décryptage, l'enfant n'est pas pleinement disponible pour l'insouciance essentielle à son développement, mais aussi pour ses investissements propres. Il arrive que certaines personnalités parviennent – en lieu et place, sinon aux côtés des symptômes – à transporter leurs préoccupations – pour ce secret de famille – dans des activités, notamment créatives, qui permettent de produire deux effets : travailler à symboliser ce qui n'a pas été mis en mots et accepter les effets émotionnels de la douleur, celle de ne pouvoir comprendre des relations qui l'environnent. Certains artistes, comme Hergé, lancent une forme d'appel conscient ou non auprès d'un public qui pourra, selon sa sensibilité et ses compétences, décrypter le sens, en même temps qu'il pourra exprimer les émotions bannies. En même temps qu'ils se détachent du secret de leur souffrance en le mettant en scène et en le plaçant ainsi à distance, ils peuvent aider les autres, et en premier lieu leurs parents.

*

Par-delà la guérison de traumas enfouis, les enfants peuvent aussi apprendre à leurs parents à renouveler leur vision de la parentalité. Ils leur enseignent à réinventer leurs perceptions ou à s'ouvrir à d'autres modes d'existence. Je pense spécialement aux cas d'enfants qui s'évadent des frontières imposées par leur famille d'origine et qui changent de classe sociale, par exemple. Ces évasions sont parfois des opportunités de libération par procuration pour leur mère, comme le remarquent par exemple Annie Ernaux au sujet de la sienne dans *Une femme*, ou encore Édouard Louis se confiant à son ami Geoffroy de Lagasnerie : « Dès qu'Édouard a commencé sa métamorphose sociale, sa mère a eu, comme celle d'Annie Ernaux, un désir de changer [...]. » Et ils remarquent aussi que les pères demeurent souvent inchangés par les itinéraires de leurs enfants, adhérant bien volontiers aux rôles sociaux proposés. Les femmes, plus souvent oppressées par ces rôles, saisissent plus aisément l'occasion donnée par leurs enfants quand ils parviennent à se libérer eux-mêmes.

Ils peuvent vouloir leur apprendre, inconsciemment, à explorer encore ce qu'ils avaient cru parfaitement acquis : le sens du respect, de l'authenticité et de l'écoute. Respecter un enfant de quatre ans est un exercice encore différent de celui qu'impliquent l'écoute et le respect d'un adolescent de quatorze ou encore d'un être âgé de quarante ans. Chaque âge connaît ses défis et ses besoins, chaque tranche de vie personnelle est traversée de joies et de difficultés. Le comprendre invite à ne pas infliger unilatéralement ses conseils et ses ordres, mais à oser l'empathie et la souplesse relationnelle. Pour cela, il faut avoir envie d'être avec l'autre, et ce sont souvent les enfants qui réclament une telle ouverture d'esprit, parce qu'ils ont davantage besoin de leurs parents. Les enfants, en devenant des adultes, aspirent aussi à découvrir qui sont vraiment leurs parents, qui ils ont été avant de devenir des adultes et des parents. Ils aspirent à s'y rapporter comme à d'autres êtres humains qu'ils vont apprendre à découvrir ; c'est là l'étape essentielle du sevrage et du devenir mature.

Les enfants évoluent constamment, et cela les conduit à changer et à percevoir avec plus d'aisance l'ouverture au changement de rythme et de perception. Les parents ont joué longtemps un rôle social de responsables, de modèles, de guides, et ils ont tendance à s'y enfermer. Ils demeurent cramponnés à leurs partitions et ne parviennent pas toujours à accueillir cette demande de franche exposition d'eux-mêmes avec leurs faiblesses. Il leur faut changer de repères, bousculer leur regard, admettre que leur progéniture détient une altérité vertigineuse. Cette découverte pourrait donner lieu à un temps précieux de dialogues, de rencontres. Certains manquent cette occasion fabuleuse d'apprentissage.

Comme le remarque Alice Miller : « Il existe des parents qui ne peuvent aimer que le masque de leurs enfants, et sitôt que ce masque tombe, ils disent souvent, comme je l'ai mentionné plus haut : "Je voudrais seulement que tu restes comme avant"[127]. »

La souffrance, voire la dépression, d'un parent peut prédisposer un enfant à la guérison thérapeutique. Ces êtres dotés « d'une sensibilité très particulière aux signaux inconscients des besoins d'autrui[128] » se transforment non seulement en guérisseurs de leur parent, mais aussi des autres. Habitué à l'insécurité émotionnelle de l'autre, intuitif, l'enfant sait offrir de l'amour pour rassurer son parent et s'assurer un minimum de réponse et de disponibilité de sa part. Cette adaptation excessive à un parent souffrant peut à la fois conférer de tels dons et condamner à une négligence de soi.

*

Ce sont souvent les enfants qui, d'une manière ou d'une autre, plus ou moins profonde, exigent la levée des secrets, eux encore qui libèrent leurs parents et plus souvent leurs mères de leurs carcans, qui réclament une sincérité relationnelle. Aussi étrange que cela puisse paraître, les enfants transmettent quelque chose aux plus anciens. Magiciens de l'écoute, guérisseurs parfois précoces, ils sont en position d'enquêteurs de l'intrigue familiale et renouvellent toujours le regard posé sur une situation qu'ils éprouvent comme figée, inauthentique ou cachée. De ce point de vue, ils deviennent les moteurs du dévoilement de la vérité et de la reconfiguration familiale.

Les enfants exigent l'élucidation des scénarios familiaux, surtout lorsque la famille semble menacée par le délitement, la fracture et la perte. En reprenant un peu de recul, nous voyons donc que la famille ne se réduit pas à une institution politique et juridique, mais détient aussi une part organique et vivante : elle est un monde mouvant. La résistance à cette plasticité irréductible, suggérée par le temps et les individualités, peut la plonger dans la violence et l'échec. Voyons en quoi la créativité peut devenir un horizon puissant de la famille, qui doit désormais se comprendre comme un exercice permanent de composition et de recomposition.

Chapitre 7

Se recomposer

> « Mon père avait quarante ans, il était veuf depuis quinze ; c'était un homme jeune, plein de vitalité, de possibilités, et à ma sortie de pension, deux ans plus tôt, je n'avais pas pu ne pas comprendre qu'il vécût avec une femme. J'avais moins vite admis qu'il en changeât tous les six mois ! »
>
> F. Sagan, *Bonjour tristesse*

> « Toute la famille aimait les bêtes, et les bêtes aimaient notre maison. »
>
> Colette, *Domino*

C'est la promesse d'une vie unie et libre, joyeuse et profonde, authentique et protectrice qui nourrit nos espoirs d'une famille. La réparation de nos enfances abîmées par la souffrance des non-dits ou des séparations, le refus de la reproduction des chaînes de la violence ou le désir de l'imitation d'un couple parental heureux deviennent le cœur battant de nos propres unions. Ce désir de la famille rêvée peut durer très longtemps, même après maints échecs. Certaines et certains se pacsent, se marient ou vivent sous le même toit, font des enfants ou en adoptent. Parfois ils divorcent ou se séparent pour mieux recommencer : ils se remarient et ont parfois d'autres enfants. C'est de cette manière désormais que se raconte le récit contemporain des vies minuscules, pour reprendre le beau titre de Pierre Michon[129]. La vie de famille devient plus complexe encore : parent d'enfants de plusieurs unions, beaux-parents d'enfants qui ne sont pas les leurs, certains et certaines se trouvent dans des situations où l'équilibre paraît encore plus délicat à conquérir.

L'exercice de recomposition familiale démontre avec clarté combien la famille est le sujet et l'objet d'une fabrication. Choisir de vivre avec quelqu'un qui a déjà fondé – une ou plusieurs fois – sa famille ; accueillir ses enfants ou mettre en commun les siens, c'est inévitablement devoir réfléchir à la notion de famille, aux rôles et aux possibilités d'amour et de responsabilité, sans l'aide d'un schéma ou bien encore de la prétendue évidence du sang. En France, en 2020, et selon l'Insee, les familles les plus nombreuses sont des familles recomposées. Ce fait social implique de se trouver confronté à la pluralité des enfants, à la difficulté de nouer entre eux des liens, puisqu'ils n'ont ni les mêmes parents ni un seul et unique lieu de vie. La famille recomposée doit davantage songer à son vivre ensemble, étant donné la démultiplication des liens qu'elle impose. L'inclusion des tiers dans le cercle familial est une source puissante de réflexion qui nous conduira à élargir cet espace jusqu'aux tiers non humains, comme les animaux.

Faire famille avec des tiers

C'est dans le film de Claude Berri *Je vous aime* (1980) que nous voyons se dessiner le bonheur fragile de la recomposition familiale, autour du portrait d'une femme très contemporaine et rodée aux multiples histoires d'amour. Alice, incarnée par Catherine Deneuve, a été plusieurs fois séparée de ses compagnons. Elle tente pourtant de réunir pour Noël et d'autres moments forts du calendrier ses deux enfants et les hommes de sa vie : Simon (Serge Gainsbourg) et Julien (Jean-Louis Trintignant), car ils ont élevé son fils Jérôme à tour de rôle, mais aussi Patrick (Gérard Depardieu), dont elle a une fille. Alice se lasse vite de la vie de famille et surtout de la vie commune. «J'ai été incapable de faire ma vie en une seule fois», écrit-elle à son fils, malheureux de la voir rompre une énième fois avec un homme qui l'a élevé. Incapable d'oublier le passé et de construire un avenir, Alice tente d'entretenir des relations avec tous et de recomposer des liens éclatés. Malgré la joie, ce sont aussi les regrets qui hantent sa mémoire. Elle ne veut pas d'une histoire d'amour, mais coller ensemble toutes ces liaisons passionnelles et ces débuts enchantés. La vie de famille devient un exercice de recomposition entre passé et avenir, position qu'elle finit par ne plus pouvoir tenir.

Incarnation de l'individu contemporain, le personnage d'Alice demeure celui de quelqu'un de contradictoire, animé d'une tension éprouvante : éprise, elle redoute l'engagement durable. Sincère, elle ne cherche pourtant pas à comprendre son attachement au flirt plutôt qu'à la durée, au rêve plutôt qu'au réel. Profonde, elle est aussi assez légère pour croire que sa défaite précédente et les déceptions irrésolues seront effacées et relevées par le triomphe suivant. Ne comprenant guère pourquoi elle veut aimer et être avec un homme, elle ne sait pas non plus pourquoi elle se retrouve à le quitter. Elle reproduit les mêmes erreurs et se regarde dans chacune sans jamais se dévoiler. Alice se trouve constamment confrontée à cet écart dont j'ai tenté de parler dans ce livre et autour duquel nous tournons tous : celui entre famille de rêve et famille réelle.

*

Si faire famille exige un lot de sacrifices consentis, puisque cela suppose d'abandonner une part de sa liberté et de son temps pour d'autres – un conjoint et un enfant – avec qui les rapports d'autorité sont rendus plus éprouvants par le manque de dialogue, de remise en question, alors il faut dire combien la recomposition familiale est un exercice plus délicat encore. Comment vivre avec le compagnon ou la compagne de son parent avec qui on n'a rien vécu auparavant et dont la réalité n'est imposée que par le désir parental ? Aimer l'autre choisi par son père ou sa mère, un autre qui n'a rien à voir avec votre histoire propre, c'est pour l'enfant comprendre son parent indépendamment de soi. C'est parfois aller jusqu'à accepter d'être l'enfant d'une personne qui n'est pas exclusivement votre parent.

Cette démarche nécessite de la sécurité, de la confiance et une forme de détachement. Elle n'est pas une évidence et elle suppose, là encore, une entreprise de clarification comme de consolidation de ses liens pour permettre à d'autres liens d'entrer en scène. Il arrive que les adultes ne prennent guère ces précautions, considérant, parfois avec autorité, que leur désir doit prévaloir et qu'il s'imposera à l'enfant à la manière d'un ordre donné ou d'une évidence implacable que rien ne pourra contester. Certains ne perçoivent pas la nécessité de sécuriser leur enfant pour faire place à ce nouveau lien et ne saisissent pas l'importance d'établir un lien de confiance entre leur enfant et leur nouveau conjoint.

Dans son premier roman, *Bonjour tristesse*, Françoise Sagan racontait la relation tourmentée d'une adolescente à sa future belle-mère. Le récit expose d'abord la relation complice de Cécile et de son père Raymond, homme riche et séducteur qui enchaîne les conquêtes. Cette relation filiale est légère et insouciante, tournée vers la fête. Elle se passe de mots. Le projet de mariage avec une femme de tête, concernée par l'éducation de Cécile, menace ce duo père-fille. Éprise de liberté et d'amusements, la jeune fille met en place un stratagème pour éloigner sa future belle-mère. Le succès tragique de son plan lui apprend la saveur de la tristesse. Ce roman scandaleux au moment de sa parution raconte l'histoire d'un problème universel : la façon dont l'autre homme ou l'autre femme bouleverse l'équilibre d'une relation parent-enfant. Comme Cécile, bien des enfants craignent de perdre un lien à leur parent, sinon de trahir l'autre parent (séparé ou décédé). La création de lien à sa belle-mère n'a rien de naturel ou d'évident en soi. Rien ne s'impose par la force du destin ou du temps.

Seul un effort de séduction, mais aussi de clarification peut rendre possible l'introduction d'un lien nouveau qui reconfigurera les autres. Évidemment, ces recompositions supposent de tenir compte du passé : aucun avenir ne peut se jouer par l'éviction ou l'effacement de l'histoire précédente. La famille n'est pas un tout figé ni un ensemble défini par le nombre de ses membres, leur qualité et leur rôle. Réalité kaléidoscopique, ce tout ne cesse de se réagencer au fil du temps, des naissances et des morts, des départs et des arrivées. L'entrée d'un tiers ou la sortie d'un autre impose un nouvel exercice de composition. Une nouvelle partie ne peut s'intégrer au tout avec justesse qu'après avoir été regardée par les yeux de chacun. Mais quelle place donner à celui ou à celle qui ne détient ni le privilège du sang ni celui de membre fondateur ?

Dans le film *Les Enfants des autres* (2022) de Rebecca Zlotowski, Rachel (Virginie Efira) tombe amoureuse de Ali (Roschdy Zem) et cherche à nouer un lien avec sa petite fille de quatre ans, Leila, qu'elle finit par aimer comme si elle était la sienne. Est-elle une deuxième mère ? Leila a déjà une mère, très présente, et cette place de « mère » ne lui sera pas accordée, ni par son compagnon ni par la famille de l'enfant. Rachel n'est pas une seconde mère, et elle ne reverra plus Leila une fois séparée d'Ali. Le film dépeint la cruauté des rôles familiaux quand ils sont joués et incarnés par des êtres illégitimes à occuper certaines places selon notre société et ses normes : un homme ou une femme sans prérogatives biologiques peut se retrouver, du jour au lendemain, sans plus de liens à un enfant qu'il aura aimé, et dont il se sera occupé. Rachel ne bénéficie pas de la tolérance que l'on accorde à une mère : être invitée au goûter d'anniversaire de Leila, avoir de l'autorité sur elle si besoin. Elle n'est que « l'autre femme », et son rôle est d'autant plus ingrat qu'il n'est jamais évoqué ni discuté avec son compagnon et l'enfant.

Comme l'écrit bien Maggie Nelson dans *Les Argonautes*, « les parents sont une divinité Hallmark [une marque américaine de carte de vœux et d'accessoires de fête], mais les beaux-parents sont des importuns, des égoïstes, des envahisseurs, des substances nuisibles et des agresseurs d'enfants[130] », même quand ils sont profondément responsables et débordants d'affection. Mais il est intéressant de la lire encore quelques lignes plus loin. Elle y explique avoir souffert de son beau-père, non pas parce qu'il l'a aimée, mais précisément pour toutes ces choses qu'il n'a pas su offrir : ne pas lui avoir dit son affection, ne pas avoir cherché à être un père, être parti du foyer de sa mère sans vraiment lui dire au revoir. Des deux côtés, enfants et beaux-parents, le malentendu demeure : les beaux-parents ne donnent jamais assez. Toutefois, leur don est très souvent pris dans le spectre du soupçon, le filtre de l'inquiétude. Les parents ont évidemment un rôle à jouer dans ce malentendu.

Anne, la belle-mère de Cécile dans *Bonjour tristesse*, doit-elle avoir autorité sur Cécile, comme l'aurait une mère ? En France, le beau-parent n'a ni droit ni devoir, mais il doit, selon le Code civil, aider son conjoint dans l'exercice de son autorité parentale. En 2006, la Défenseure des enfants préconise une convention de partage. Autrement dit, c'est au père de Cécile ou au père de Leila de décider avec leurs conjointes si elles peuvent ou non intimer des ordres, des interdictions, se charger des responsabilités corrélatives au fait de pouvoir dire oui ou non à un mineur. Ces droits et ces devoirs supposent un engagement pour l'enfant de son conjoint. Il s'agit de s'avancer à devenir éducateur, protecteur, source d'amour. Cette tentative ne tient pas à la seule volonté aimable du beau-père ou de la belle-mère. Il faut encore que l'enfant le veuille et l'accepte, que les deux parents de l'enfant donnent place à ce tiers.

Ce contrat familial se trouve complexifié par nos attaches inconscientes au rôle du sang et de la famille nucléaire traditionnelle, amplifié par le rôle très dévalorisant que les contes et récits attribuent aux marâtres. Souvent, l'enfant, sensible aux croyances de ses parents, et ressentant qu'il ne peut pas concevoir la recomposition familiale à la manière d'une vraie famille unie par le sang, peut rester à distance, voire rejeter ses beaux-parents pleins de sollicitude, d'affection – ou ses frères et sœurs issus d'un couple qui n'est pas exactement celui formé par ses parents biologiques. J'ai souvent entendu des femmes se plaindre de ce que leur conjoint ne voulait pas jouer ce rôle de beau-père : il serait trop préoccupé par la place qu'il avait auprès de leur femme plutôt qu'auprès de ses enfants. À l'inverse, des femmes n'ont pas de mal à rechercher un rôle bienveillant, affectueux, voire maternant, mais n'ont pas toujours une place claire offerte par leur conjoint. Elles sont aussi et parfois confrontées au ressentiment de la mère de l'enfant. Nous avons beau revendiquer la créativité en matière de famille, nous demeurons bien souvent, inconsciemment, ancrés dans la matrice de la famille nucléaire et consanguine. Les rivalités, les rancœurs, les incompréhensions privent de recomposition créative et apaisante, comme elles usent des enfants à la manière d'otages. La recomposition familiale démontre avec force la nécessité de l'élucidation des rôles comme de la plasticité relationnelle.

La famille hétérospéciste

J'ai dit que les enfants, par leur sensibilité et leur mode d'existence, enseignent à leurs parents la parentalité elle-même et parfois une forme de délivrance de leur héritage familial. Pour la même raison, je peux adjoindre d'autres types de vie que celle de l'enfant. Et dans cette quête de la famille en tant qu'objet de choix et exercice de composition, je rejoins d'autres philosophes comme Donna Haraway qui ont étendu le lien parental et l'affiliation aux autres espèces vivantes.

Les vivants sont porteurs d'enseignement sur nos relations et peut-être sur notre façon d'être en famille. Nous pouvons aussi nous recomposer et faire famille avec eux. En adoptant un animal, il y a presque quinze ans, j'ai appris malgré moi à dialoguer avec un autre monde, une autre façon de percevoir et de m'apparenter. J'ai aussi compris la forme de parenté qu'éprouvait mon grand-père, Michel, pour son chien Cooki. Leur lien était aussi important que celui qu'il développait avec nous, et j'en étais parfois perplexe, voire envieuse. Moi, petite-fille, n'étais-je pas plus proche de mon grand-père ? N'avais-je pas le droit à un traitement préférentiel ? Ce caniche noir avait toujours une place à lui dans tous les lieux où nous allions, et toujours la plus proche de mon grand-père. Il était écouté dans ses préférences et respecté dans ses choix. Compagnon de vie et parfois de scène, il parvint un jour, alors qu'il s'était perdu, à retrouver son maître à travers Paris. Un lien exceptionnel les unissait, et Cooki faisait partie intégrante de la famille

Accueillir une autre espèce vivante, en prenant au sérieux l'altérité de cet autre, c'est vraiment s'apparenter. Pour Haraway, sa chienne Cayenne Pepper fait partie de sa famille. Elle raconte même que leur vie ensemble a modifié leurs génomes et aligné leurs cycles menstruels. En observant mon chat contempler le monde à travers ses mouvements, ses bruits et ses silences, en soutenant ses regards et en touchant son corps, j'ai fini par approcher la perception d'autres vivants. Le monde de l'animal, une fois sérieusement observé et vécu, provoque une synesthésie, cette expérience étrange de convertir ou traduire en un sens une information transmise à un autre sens. S'affilier à l'animal permet la synesthésie spéciste : parler plusieurs langages, décupler ses perceptions, comprendre autrement la faim, la satiété, la solitude, la nature elle-même grâce au regard canin, à l'écoute féline ou au mouvement équin. Toucher un animal, c'est aussi s'ouvrir à d'autres modes perceptifs : devenir sensible à leur joie de se nourrir, de se repaître de soleil, de sentir le vent et la venue des tempêtes, trembler à l'idée d'un bruit soudain.

Se composer à d'autres chairs et même à d'autres espèces nous apprend quelque chose du faire famille. Cet autre, d'une espèce différente, que l'on veut protéger et nourrir, avec lequel on joue, travaille ou dort ne peut donner sa confiance et son affection que par ce même regard respectueux et franc par lequel on approche aussi avec vérité les humains. S'attirer, se parler, se comprendre, se soigner, s'aider et s'élucider mutuellement dans un équilibre toujours précaire, fragile et instable – dont la solidité ne tient qu'au respect de l'altérité – est une œuvre infinie et qui touche le rapport à d'autres espèces que la nôtre. Le rapport à l'animal fait partie intégrante de cette difficile entreprise que l'on appelle amour de l'autre ; amour auquel la famille prétend avoir un accès évident, naturel et exclusif.

Nous pouvons avec certitude – celle acquise par l'expérience concrète ou par l'imagination intelligente – y adjoindre l'amour de nos « espèces compagnes » (nos bêtes), comme les nomme Donna Haraway. Parce que ceux qui aiment profondément vivre avec leur animal déploient des ressources inégalées de respect, d'écoute, de responsabilité et parfois même de collaboration, nous pouvons souscrire à ce constat que pose la philosophe lorsqu'elle écrit : « La quête incessante de connaissance du partenaire intime, ainsi que les inévitables méprises tragi-comiques qui l'accompagnent, commandent le respect, que le partenaire en question soit animal, humain ou même inanimé[131] ».

Pour l'animal, comme pour l'enfant ou le partenaire de vie, exiger un amour inconditionnel relève « du fantasme névrotique rarement pardonnable » que l'on peut distinguer de l'amour lucide et que Haraway définit comme l'action « de faire tout son possible afin de réaliser les conditions confuses liées au fait d'aimer[132] ». Je partage son soupçon à l'égard du mot « amour », car il véhicule quantité de comportements infantilisants, peu soucieux de la différence de l'autre, qu'il s'agisse de l'amour homospéciste ou hétérospéciste. Ces attentes démesurées et parfois violentes conduisent certains maîtres déçus à abandonner cruellement leur animal, comme certains parents à violenter leurs enfants. La problématique en jeu est ici la même : croire que le dépendant ou le vulnérable, celui qu'on suppose être irréfléchi donnera sans retenue à celui qui tend sa main. De l'attente naïve à l'exploitation, il n'y a qu'un pas. Ce qu'il y a d'incontournable, c'est moins l'amour que le respect. Le respect implique toujours l'amour de l'altérité – un amour certes abstrait et conceptuel –, qui peut éventuellement donner accès à l'amour singulièrement vécu.

La famille ne se caractérise ni par une association homogénérationnelle ni par une association hétéro- ou homosexuelle. Des âges différents cohabitent, tout comme des sexes divers sont mis en rapport, et je ne vois pas pourquoi nous ne pourrions pas inclure la pluralité des espèces, de sorte que « c'est moins l'hétérosexualité que l'hétérospécificité qui est pertinente[133] » pour penser la famille, selon Haraway. Si faire famille, c'est vraiment accueillir les singularités de chacun, alors la famille n'a-t-elle pas une vocation hétérospéciste ? Ce qui fait famille, ce n'est pas la confusion des genres, des classes ou des espèces, mais tout le contraire : le respect des différences et des places dans une acceptation tacite de leur renversement et de leur mutation.

*

Une famille est un exercice de fabrication délicat. Il est peut-être plus difficile encore de recomposer sa famille que de la composer, car, en ce premier cas, il s'agit d'intégrer des enfants d'unions rompues pour leur faire aimer une union nouvelle dont ils ne sont pas issus. Cela impose de concilier des individus fragilisés par des séparations et des foyers multiples, confrontés à d'autres êtres qui ne les ont pas accueillis au début de leur existence. Susciter leur adhésion interroge la capacité des adultes à les rassurer sur leur origine, leur place dans ce nouvel environnement et à comprendre leur loyauté – parfois ancrée à l'union de leurs parents. La famille recomposée, qu'elle soit homospéciste ou hétérospéciste, implique un savoir-faire : accueillir, protéger, respecter, parler, clarifier. Organisme vivant, le tout familial ne se réduit pas seulement à l'articulation d'êtres différents, mais suppose aussi de les rallier à un projet commun. L'équilibre est instable, mais cette souplesse et cette clarté ne pourraient-elles pas devenir les forces les plus sérieuses de la vie de famille ?

Conclusion :

Créer un équilibre instable

> « La tâche consiste à devenir suffisamment cohérents dans un monde incohérent pour s'engager dans une danse conjointe des êtres qui cultive le respect et la réciprocité dans la chair durant la course, sur le terrain. »
>
> D. Haraway, *Manifeste de nos espèces compagnes*

Au terme de ce livre, j'éprouve toujours du vertige à l'idée de fonder ma propre famille, car je mesure la responsabilité et le don de soi nécessaires à l'entreprise. Vouloir accueillir un enfant et faire famille est une décision audacieuse que l'inconscience ou le désir de conformité sociale rendent plus évident. Une chose est certaine : je fais déjà famille avec un passé et un présent. Parce que la famille est le lieu d'où je viens, il m'a fallu l'élucider pour mieux libérer mon itinéraire. Sans une telle exploration, je n'aurais pas pu me savoir capable de fonder un refuge pour les autres.

La famille est la première instance sociale à libérer – et à défaut dont il faut se libérer pour advenir à soi-même. Les modes de vie originaux et libres existent partout, y compris dans la façon de faire famille. La famille est une œuvre difficile et périlleuse. Elle exige la responsabilité de la création et ne dispense pas de l'effort de la créativité. Et cette créativité consiste à mon sens à produire un « équilibre instable » où les rythmes et les désirs sont soigneusement nourris et soutenus.

Après tout, peut-être que les liens de sang resteront encore et pour longtemps un référentiel attachant et rassurant. Peu importe qu'ils le soient véritablement. Le modèle de la famille nucléaire et biologique ne doit pas empêcher de donner une place à ceux qui démontrent leur sollicitude, leur protection et leur respect : enfants et tiers sollicités pour recomposer un foyer. Une vie commune, surtout recomposée, suppose de clarifier les positions de chacun et d'offrir aux enfants de quoi assouvir leur besoin d'attention, d'amour et d'orientation.

*

Nous nous contentons souvent d'« amour pathologique » à défaut d'« amour pratique » (ou moral), pour parler avec les mots de Kant. Si le premier est issu de nos attirances irrépressibles et irréfléchies, le second est désintéressé et habité par un sens de la responsabilité. Nos familles se porteraient mieux à se trouver bâties sur cet amour pratique. Or, trop souvent, elles deviennent le théâtre du *pathos* en chorégraphiant des affects interdits, des émotions inacceptables, des fantasmes démoralisants et des attentes toujours déçues. Cette intimité nocturne et chaotique devient la scène de la plus grande sauvagerie, où se cognent la recherche de l'amour et son violent refus, l'injonction à la solidarité et l'autoritarisme aveugle. Une famille se doit surtout de donner certains biens : de la sécurité et de la liberté, de la tendresse et de la sincérité, de la vérité et de la créativité. Pour que la famille ne devienne pas la reproduction de la société patriarcale, inégalitaire et violente, mais une force subversive, elle doit s'enrichir de ces biens et de ces valeurs, car c'est d'un capital existentiel qu'a besoin un enfant.

S'il fallait prescrire un horizon de mutation à la famille, ce serait certainement de cultiver son espace comme un lieu d'écriture animé par la créativité, plutôt qu'un terrain de jeux où se déploient des rôles préétablis. Lieu d'accueil de la vie, la famille ne doit pas en abandonner le mouvement ni l'ouverture, malgré sa mission d'instruction et d'éducation. Elle est, en effet, vouée à diriger ceux qu'elle reçoit. Ce mot de direction est risqué. Il ne signifie pas «commander» lorsque je l'emploie ici, car la famille ne devrait pas se donner pour rôle d'introduire aux instances dirigeantes de la vie sociale (entreprise et État). L'école s'en charge déjà.

La famille «dirige» au sens théâtral du terme, c'est-à-dire qu'elle «indique» un style de vie, elle «désigne» une représentation du monde, elle «fait signe» vers des désirs, elle «porte» des valeurs. Cette vocation directionnelle suppose le principe d'autorité parentale. Bien des parents ne veulent plus user d'autorité, au prétexte qu'ils seraient surtout bienveillants. Cet alibi permet d'abandonner la charge existentielle de guide. La dépendance des enfants et la vocation parentale à les élever peuvent légitimement introduire des rapports d'autorité. Mais l'autorité parentale ne s'autorise que par la mission de libérer l'enfant et non par celle de le soumettre.

*

La famille a deux directions possibles : devenir expérience continue de modes de relation voués à évoluer dans le temps et l'espace, ou cellule sociale et introduction aux rapports de pouvoir. Espace politique, elle peut rayonner par sa violence et ses conflits, semblables à ceux que l'on voit exploser dans le monde. Elle fait glisser dans l'effroi celles et ceux qui avaient voulu voir en elle un hors-lieu, une utopie. En elle, comme en n'importe quelle autre cellule sociale, il existe des chefs autoproclamés, des décideurs et des cadres qui imposent des mots d'ordre, des injonctions, des silences et des thèmes de conversation. Ces décideurs s'agrippent à leur pouvoir en dépit du mal qu'ils provoquent chez les autres. Le font-ils au nom de la famille ? Oui, mais de la famille comme instance de pouvoir et non comme constellation de liens.

Reconfigurée par le temps des naissances et des morts, des alliances et des séparations, vouée à connaître la distanciation, elle ne peut survivre qu'en supportant la coécriture et la réécriture de son récit. Sa meilleure ambition est d'accepter sa défaite et de rejoindre son devenir : un lieu où les rapports de pouvoir sont réversibles et ambivalents. Ainsi, ceux qui accueillent seront, un jour, soumis à la dépendance des vieux jours. Ceux qui transmettent sont aussi ceux qui sont instruits par leurs enfants. Ceux qui possèdent sont déjà possédés. Le comprendre assez tôt, c'est se donner la force de jouer avec la perte.

Cependant, toute famille s'explore, car on ne peut se dire conscient et devenir qui l'on veut être sans comprendre ce qui vous a produit. Être mal accueilli dans son enfance et son adolescence nous fait courir le risque de ne pas savoir non plus, à notre tour, aborder les autres. Le mal-être et le manque de reconnaissance peuvent nous pousser à infliger les mêmes traitements, négligents ou cruels, que nous avons reçus sans les remettre en cause. Par lâcheté, par loyauté envers ses parentés, ou par fidélité naïve à l'idée de famille, nous n'osons pas nous montrer critiques envers nos proches et affirmer notre exigence. Il a été crucial pour moi de procéder à l'analyse de mes liens familiaux.

La famille de réception, celle qui nous a convoqués à la vie et au monde, doit être l'objet d'une élucidation de ses réseaux de liens, de sa configuration d'épreuves, d'évènements et de problèmes. Comment sinon prétendre commencer pour soi un cosmos familial, tendre et nouveau, en se faisant le médium des non-dits que nos conjoints, nos enfants ou nos petits-enfants supporteront, voire souffriront ? Comment se rapporter authentiquement aux autres, si nous évitons de porter à la lumière ces ombres qui ont altéré nos rapports avec nos parents et nos ancêtres, qui ont brûlé notre joie et consumé nos espoirs ? Comment prétendre vivre le printemps en laissant geler la crypte de nos douleurs et des troubles passés ?

Ce qui complexifie notre tâche de clarification vient de ce que nous avons besoin d'elle. Dépendants, nous la requérons pour notre protection, notre amour de nous-mêmes, notre irrépressible soif de reconnaissance et parce qu'il nous faut être guidés dans la marche vers le monde. Comment exiger la vérité en même temps que l'amour ? Il arrive souvent que la vérité, longtemps retenue, ne soit délivrée qu'au moment où nos attentes affectives cessent. La lucidité présuppose d'assumer sa liberté et d'avoir l'audace de questionner, parler et parfois rompre.

Si la famille contraint à fréquenter des êtres différents que l'on ne choisirait pas toujours de rencontrer, il n'en reste pas moins que maintenir un lien avec ses parents et ses enfants suppose, à la longue, un choix et une forme d'adoption renouvelée. Les enfants, portés et/ou accueillis, sont toujours des enfants que l'on apprend à découvrir, à connaître, à aimer. Même lorsqu'ils nous refusent, nous repoussent ou nous mettent au défi de penser autrement. Même si d'inévitables espoirs ont été portés de part et d'autre, une vision minimaliste de l'affect familial a plus de chances de croître : respecter, protéger et soutenir. Ce milieu entre les excès de la négligence et ceux du sacrifice – deux faces de l'amour narcissique et de l'exigence autoritaire – est peut-être une perfection.

Biologique ou non, simple ou complexe, homo- ou hétérosexuelle, la famille fixe souvent un horizon : produire de l'apparentement, des ressemblances, des rapprochements jusqu'à la confusion. La famille se veut être une machine à produire du Même et des rêves de succession. Or il se pourrait que cette obsession de l'identité familiale ou de la lignée dissimule sa véritable vocation et sa réalité parfois déchirante : être un lieu d'accueil et de transmission prête à la révolution – assumer sa rotation et sa métamorphose autour de l'axe de son ancestralité et de son histoire. Proposons à celles et ceux qui auraient encore le désir d'incarner le mot famille, non plus un horizon à perte de vue, mais un terrain d'exercice concret et quotidien : que la famille devienne une constellation de spécificités en mouvement, un refuge où l'amour est conditionné au respect, un lieu sensible au temps de l'autre.

REMERCIEMENTS

Merci à mon éditrice Pauline Miel pour sa confiance renouvelée et ses conseils avisés. Je lui suis reconnaissante de m'avoir accompagnée dans ce nouveau travail d'écriture qui scelle une collaboration précieuse. Merci à Guillaume Allary d'avoir accueilli ce texte dans sa maison d'édition et de lui avoir apporté un si grand soin. Merci à Héloïse Billette qui a travaillé sur ce manuscrit, comme à Guillaume Jamet, sans qui ce livre n'aurait pas pu devenir un objet.

Merci à mes élèves lycéens et étudiants de l'université : nos conversations à l'occasion de mes cours constituent toujours un laboratoire où j'aime puiser mes idées.

Je veux également adresser tous mes remerciements à Nicolas C. pour sa patience et son soutien indéfectibles durant ces longs mois d'écriture. Merci à Zoran, mon « espèce compagne ».

Un grand merci à Samuel F., Laure F., Victoire D., Mathilde E., Alice D., François T., Aurore B., Camille A. et tous mes amis, « famille de hasard » avec qui la parole peut s'incarner et trouver des horizons féconds.

Merci à Annette, ma grand-mère disparue durant l'écriture de ce livre, et qui m'a transmis l'obsession de la parole et du récit.

NOTES DE FIN

1. É. Sullerot, *La crise de la famille*, Paris, Fayard, 1999.
2. F. de Singly, *Sociologie de la famille contemporaine*, Armand Colin, 2008.
3. Cf. L'article « "Faire famille" disent-ils » dans *L'Obs* qui clarifie le moment d'apparition de cette formule. https://www.nouvelobs.com/rue89/rue89-mariage-homosexuel/20130208.RUE3124/faire-famille-disent-ils.html
4. Cf. F. Sagan, *Derrière l'épaule*, Paris, Plon, 1998.
5. Ludwig Wittgenstein est un philosophe, mathématicien et ingénieur né le 26 avril 1889 à Vienne et mort le 29 avril 1951 à Cambridge.
6. Cf. E. Husserl, *Idées directrices pour une phénoménologie*, trad. P. Ricœur, Paris, Gallimard, 1985 [1913].
7. D. Le Gall et C. Martin, « Mutation de la famille, mutation du lien familial », introduction à Didier Le Gall et Claude Martin (dir.), *Familles et politiques sociales. Dix questions sur le lien familial contemporain*, Paris, L'Harmattan, 1996, p. 13-27.
8. B. hooks, *À propos d'amour*, Paris, Éditions Divergences, 2022. Selon l'auteure, le mythe de l'amour romantique dispense les êtres d'apprendre l'art d'aimer et de s'engager profondément.
9. C. Attias-Donfut, N. Lapierre, M. Segalen, *Le Nouvel Esprit de famille*, Odile Jacob, 2002, p. 14.
10. E. Shorter, *Naissance de la famille moderne. XVIIIe-XXe siècle*, Paris, Éditions du Seuil, 1977 (première édition, *The Making of the Modern Family*, 1975), cité par Anne Morvan et Anne Verjus dans leur cours sur la famille et disponible sur : https://hal.archives-ouvertes.fr/cel-01084465
11. *Ibid.*, p. 20.
12. C. Attias-Donfut, N. Lapierre, M. Segalen, *Le Nouvel Esprit de famille*, *op. cit.*, p. 13.

13. L'importance du sang ne surgit qu'à la fin du Moyen Âge en France, mais avant ce moment il n'est pas nécessairement vecteur de la parenté.
14. E. Shorter, *Naissance de la famille moderne. XVIIIe-XXe siècle*, *op. cit.*, p. 41.
15. C. Démar, *Appel d'une femme au peuple sur l'affranchissement de la femme*, Paris, Gallica/BNF, 1833, p. 15.
16. Platon, *La République*, Livre V, 457d.
17. Parmi ceux-ci, il faut citer l'anthropologue américain Lewis Henry Morgan, considéré comme l'un des principaux fondateurs des études de parenté. Avec son ouvrage intitulé *Systems of Consanguinity and Affinity of the Human Family*, publié en 1871, Morgan avait instauré les bases d'un vaste programme de recherche. En France, nous pouvons nous tourner notamment vers les ouvrages de F. Héritier, *L'exercice de la parenté*, Paris, Seuil, 1981 ; E. Todd, *La diversité du monde. Structures familiales et modernité*, Paris, Seuil, 1999.
18. « Ainsi se crée une famille dont les protagonistes sont le mort, qui est le mari légal, la femme épousée au nom du mort par un de ses parents, le mari substitutif lui-même et les enfants qui naissent de leur union. Ces enfants sont socialement et légalement ceux du mort, du seul fait que le partenaire sexuel de la femme a prélevé sur le bétail du défunt le montant de la dot qu'il verse en son nom. » *Ibid.*
19. Cf. F. Héritier, « Les mille et une formes de la famille », *Le Monde*, 24 décembre 1975.
20. E. Evans-Pritchard, *Les Nuer. Description des modes de vie et des institutions politiques d'un peuple nilote,* trad. L. Evrard, Paris, Gallimard, « tel », 1968, p. 267.
21. « Il y a des hommes que des semaines durant j'ai considérés comme étant des vrais Nuer alors qu'ils descendaient de captifs dinka ; car un homme dont le grand-père dinka fut adopté dans un lignage nuer s'estime membre du lignage exactement au même titre que l'homme dont le grand-père adopte son aïeul : c'est ainsi que les autres membres du lignage le considèrent, et les gens qui n'en font pas partie. » *Ibid.*, p. 255. Les Dinka sont un peuple d'agriculteurs-pasteurs du Soudan du Sud, vivant dans les régions de Bahr al-Ghazal, Jonglei, ainsi qu'au sud du Kordofan et du Nil Supérieur. Les Dinkas et les Nuers forment les deux plus grands groupes ethniques de la région du sud du Soudan. L'animosité historique entre les deux groupes remonte au régime colonial britannique, et elle s'intensifie de nouveau après l'indépendance.

22. A. Fine, «Le don d'enfant dans l'ancienne France», in *Adoptions*, Paris, Éditions de la Maison des sciences de l'homme, 1998, p. 65.
23. «Aujourd'hui, pour qu'un enfant devienne pupille de l'État, soit il naît sous le secret ou est abandonné à la naissance ou plus tard, enfant orphelin. Mais également des enfants dont les parents se sont vu retirer l'autorité parentale à cause d'un "délaissement". L'enfant est alors mis sous protection de l'Aide sociale à l'enfance. Il faut alors que sa situation soit examinée par une commission statutaire et qu'un juge ordonne une coupure des liens avec les parents biologiques et propose une adoption», peut-on lire dans un article du Huffingtonpost «Pourquoi les enfants adoptables en France ne sont-ils pas tous adoptés ?», 13 septembre 2019. Cf. https://www.huffingtonpost.fr/politique/article/pourquoi-les-enfants-adoptables-en-france-ne-sont-ils-pas-tous-adoptes_151682.html
24. Cf. https://www.huffingtonpost.fr/politique/article/pourquoi-les-enfants-adoptables-en-france-ne-sont-ils-pas-tous-adoptes_151682.html
25. Précisions sur le terme «queer» : dans la première moitié du xxe siècle, il signifie l'étrange et l'anormal. Ce mot d'abord utilisé pour dénigrer les hommes gays a ensuite été employé par des activistes gays du groupe Queer Nation au début des années 1990 pour se désigner eux-mêmes. Le terme qualifie aujourd'hui des individus qui souhaitent sortir des normes construites par les cultures hétérosexuelles et patriarcales sur le plan de l'identité de genre ou de l'orientation sexuelle. Ainsi, une femme queer pourra considérer qu'elle n'est pas vouée à désirer sexuellement un homme ou bien encore à tomber enceinte, à s'occuper d'un enfant. Outre son orientation sexuelle, sa perception d'elle-même peut aussi comporter le souhait de changer de sexe.
26. «Si les démarches pour la PMA s'avèrent simples – un rendez-vous avec un psychiatre et un gynécologue suffisent – et peu onéreuses – 150 euros en moyenne par insémination, le gros des frais étant remboursé par la Sécurité sociale –, il n'en a pas été de la sorte pour l'adoption d'Emma par Sophie. Treize mois auront en effet été nécessaires, à l'issue desquels la petite fille ne pourra toujours pas porter le nom de ses deux mamans. Une aberration, selon Annelore, qui ne "comprend pas pourquoi la filiation avec l'épouse n'est pas automatiquement assurée, étant donné que sa fille n'a pas de père, mais un géniteur anonyme".» Marie de Douhet, «Famille

homoparentale : “les liens du cœur plus forts que ceux du sang”», *Le Point*, 5 novembre 2012. Cf. https://www.lepoint.fr/societe/famille-homoparentale-les-liens-du-coeur-plus-forts-que-ceux-du-sang-05-11-2012-1524879_23.php#11

27. G. Richard, *Faire famille autrement*, Binge audio éditions, «Sur la table», 2022, p. 58.
28. «Les liens du sang», *Les Pieds sur terre*, France Culture, 27 décembre 2021.
29. *Ibid.*
30. A. Fine, «Le don d’enfant dans l’ancienne France», in *Adoptions, op. cit.*, p. 69-70.
31. Entretien avec René Girard, propos recueillis par Marie-Louise Martinez, le 31 mai 1994 au CIEP à Sèvres.
32. Cf. R. Girard, *La Violence et le sacré*, Paris, Fayard, 2011.
33. Des études et sondages récents révèlent en effet une nette tendance de la part des femmes françaises à ne plus avoir le souhait de procréer. Les raisons sont diverses, mais l’une d’entre elles consiste dans la crainte du réchauffement climatique et l’instabilité politique et sociale.
34. M. Jeudy-Ballini, «Naître par le sang, renaître par la nourriture», in *Adoptions. Ethnologies des parentés choisies* (dir. Agnès Fine), Éditions de la maison des sciences, Paris, 1998, p. 21.
35. Jean-Pierre Bacri interrogé par Florence Heiniger sur le plateau de Faxculture : https://www.youtube.com/watch?v=H2SVZ0IUhJs
36. E. Kant, *Métaphysique des mœurs, Doctrine du droit*, trad. A. Philonenko, Paris, Vrin, 1979.
37. Témoignage issu du podcast «Faire famille», une série documentaire d’Émilie Chaudet, réalisée par Jean-Philippe Navarre, 23 septembre 2019.
38. E. Kant, *Métaphysique des mœurs, Doctrine du droit, op. cit.*, p. 162.
39. L. Flem, *Comment je me suis séparée de ma fille et de mon quasi-fils*, Paris, Points, 2014, p. 10.
40. Cf. P. Ariès, *L’enfant et la vie familiale sous l’Ancien Régime*, Paris, Points, 2014.
41. Cf. C. Delphy, «Par où attaquer le “partage inégal” du “travail ménager”?», in *Nouvelles questions féministes*, vol. 22, n° 3, 2003.
42. Cf. https://madelen.ina.fr/programme/demain-les-hommes
43. Aristote, *Politique*, trad. Tricot, Paris, Vrin, 1995.
44. Ces distinctions se retrouvent en un autre vocabulaire chez un

penseur allemand comme Hegel, pour qui l'union du mariage est le consentement à devenir une seule personne, renonçant à sa personnalité naturelle et dans lequel s'unissent et fusionnent l'homme – caractérisé par l'activité, le travail, la science et le combat – et une femme désignée comme étant l'élément de passivité, de piété et de sentimentalité.

45. Cf. J.-J. Rousseau, *Discours sur l'origine et les fondements de l'inégalité parmi les hommes* [1757], Paris, Flammarion, 2018.
46. D. Lévy, *Le Coût de la vie*, Paris, Éditions du sous-sol, 2020, p. 105.
47. « Sécurité et société », Insee Références, 2021, p. 154.
48. Cf. Hegel, *Principes de la philosophie du droit ou droit naturel et science de l'État en abrégé*, et plus particulièrement « C. l'éducation des enfants et la dissolution de la famille », *op. cit.*
49. Cf. A. Gopnik, *Le bébé philosophe*, Paris, Éditions Le Pommier, 2012.
50. Cf. *Philosophie de la famille. Communauté, normes et pouvoirs*, textes réunis par G. Radica, Paris, Vrin, 2013.
51. C. Debré, *Love Me Tender*, Paris, J'ai lu, p. 156-157.
52. S. de Beauvoir, *Le Deuxième Sexe, II*, Paris, Gallimard, « Folio », p. 324.
53. C. Attias-Donfut, N. Lapierre, M. Segalen, *Le nouvel esprit de famille, op. cit.*, p. 131.
54. *Ibid.*, p. 124.
55. Cf. G. de Lagasnerie, *3, une aspiration au dehors*, Paris, Flammarion, 2023.
56. « Être célibataire en 2022 », étude menée par Badoo et Ipsos en février 2022. Rapport complet disponible en ligne : https://www.ipsos.com/sites/default/files/ct/news/documents/2022-03/Badoo_%20Le%20celibat%20en%202022.pdf
57. C. Delphy, « Par où attaquer le "partage inégal" du "travail ménager" ? », *Nouvelles Questions féministes, op. cit.*
58. S. Freud, *Le Malaise dans la culture*, trad. D. Astor, Paris, GF-Flammarion, 2010, p. 122.
59. V. Hjorth, *Héritage et milieu*, trad. H. Hervieu, Arles, Actes Sud, 2021, p. 230.
60. É. Durkheim, Cours transcrit par M. Mauss, 1892, *Revue philosophique*, 90, 1921, p. 4.
61. « Jetés dans un coin de l'univers, nous sommes dans la situation de quelqu'un qui se réveillerait sur une île déserte sans savoir ni où il est, ni comment il y est arrivé, ni pourquoi il s'y trouve. Nous n'avons qu'une certitude : notre mort ; un seul désir : être heureux. Tout le

reste n'est que ténèbres. L'univers est muet pour notre cœur ; la science n'a rien à dire qui puisse nous consoler. » B. Pascal, *Pensées.*

62. J.-P. Sartre, *L'existentialisme est un humanisme*, Paris, Folio Essais, 1996.
63. « Entre amis, une ressemblance génétique étonnante », *Le Monde*, 14 juillet 2014. En ligne : https://www.lemonde.fr/sciences/article/2014/07/14/entre-amis-une-ressemblance-genetique-etonnante_4457262_1650684.html
64. C. Delaume, *Dans ma maison sous terre,* Paris, Seuil, 2009, p. 169.
65. D. Shapiro, *Héritage,* Paris, Les Arènes, 2021, p. 81.
66. *Ibid.*
67. *Ibid.*, p. 142.
68. G. Bachelard, *La Poétique de l'espace*, Paris, Puf, 2020.
69. « Faire famille », une série documentaire d'Émilie Chaudet, réalisée par Jean-Philippe Navarre, France Culture, 2019.
70. É. Louis, *Qui a tué mon père*, Paris, Seuil, 2018, p. 16-17.
71. G. Scharmann, « Je malgré nous », in *Enfances et psy*, Érès, 2007/1, n° 34, p. 105-112.
72. P. Besson, *Le Dernier Enfant,* Paris, Pocket, 2022, p. 56.
73. S. Barbé, « Le "syndrome du nid vide", quand les enfants quittent la maison », *Le Parisien,* 7 mars 2019.
74. S. de Beauvoir, *Le Deuxième Sexe* [1949], tome II, Paris, Gallimard, Folio Essais, 2003, p. 370.
75. M. Elkaïm, *Comment survivre à sa propre famille*, Paris, Points, 2006.
76. « Le problème » de François Bégaudeau et Régis Flores, Interview croisée par le Théâtre populaire nantais, 21 septembre 2022. Cf. https://www.youtube.com/watch?v=ez0vhaAhNaQ
77. C. Debré, *Love Me Tender, op. cit.*, p. 72.
78. Cf. A. Dufourmantelle, *La Sauvagerie maternelle*, Paris, Payot, 2016.
79. M. Messu, « La solidarité familiale, Heurs et malheurs d'un syntagme "affectif" », in *Unité nationale des associations familiales, Recherches familiales,* 2019/1, n° 16, p. 69.
80. T. Hervouët, *L'invention de la famille occidentale*, Paris, Éditions Salvator, 2022.
81. H. Le Tellier, *Toutes les familles heureuses*, Paris, Le Livre de poche, 2021, p. 11.
82. C. Delaume, *Dans ma maison sous terre, op. cit.,* p. 125.
83. Extrait de la conférence de Gilles Deleuze, « Qu'est-ce que l'acte de création ? », 1987.

84. V. Hjorth, *Héritage et milieu, op. cit.*
85. A. Miller, *Notre corps ne ment jamais,* Paris, Flammarion, 2004, p. 113.
86. V. Hjorth, *Héritage et milieu, op. cit.*, p. 42.
87. C. Delaume, *Dans ma maison sous terre, op. cit.*, p. 205.
88. Cf. C. Delaume, *La règle du Je*, Paris, Puf, 2010. C. Kouchner, *La Familia grande*, Paris, Seuil, 2021. Niki de Saint Phalle, *Mon secret*, Paris, La Différence, 2010.
89. S. Galabru, *Le visage de nos colères*, Paris, Flammarion, 2022.
90. Cf. A. Miller, *Notre corps ne ment jamais,* Paris, Flammarion, 2004.
91. M.-E. Dupont, *L'Anti-mère*, Paris, Albin Michel, 2022, p. 15.
92. Cf. A. Miller, *Le drame de l'enfant doué*, Paris, Puf, 1996.
93. *Ibid.*, p. 232.
94. M. Duras, *Un barrage contre le pacifique*, Paris, Gallimard, « Folio », 1978, p. 183-184.
95. N. Lapierre, *Changer de nom*, Paris, Stock, 1995, Gallimard, 2006.
96. N. Lapierre, *Sauve qui peut la vie*, Paris, Seuil, 2015, p. 169.
97. *La Misère du monde*, sous la direction de Pierre Bourdieu, Paris, Seuil, 1993, p. 716.
98. Cf. Pia Oliveira, « Saga : la malédiction des Getty, la dynastie la plus maudite d'Amérique », *Vanity Fair*, 1er décembre 2020. [En ligne : https://www.vanityfair.fr/pouvoir/business/story/la-malediction-des-getty-la-dynastie-la-plus-maudite-damerique/12939]
99. Cf. P. Bourdieu, *Le bal des célibataires, crise de la société paysanne en Béarn*, Paris, Seuil, 2015.
100. É. Louis, *Changer : méthode*, Paris, Seuil, 2021, p. 58.
101. *Ibid.*, p. 68.
102. A. Jourdain et S. Naulin, « Héritage et transmission dans la sociologie de Pierre Bourdieu », *Idées économiques et sociales*, vol. 166, n° 4, 2011, p. 6-14.
103. A. Ernaux, *Mémoire de fille*, Paris, Gallimard, 2016, p. 105.
104. *Ibid.*, p. 106.
105. C. Bessière et S. Gollac, *Le genre du capital. Comment la famille reproduit les inégalités*, Paris, La Découverte, 2019, p. 9.
106. *Ibid.*, p. 33.
107. *Ibid.*, p. 15.
108. *Ibid.*, p. 191.
109. *Ibid.*
110. Cf. C. Bessière, « Trois transmissions pour une reprise », in *De*

génération en génération. Arrangements de famille dans les entreprises viticoles de Cognac, Raisons d'agir, Paris, 2010.

111. Cf. C. Delabie, «Les hommes héritent, les femmes méritent. La place des sexes au sein d'une entreprise de sous-traitance», in D. Jacques-Jouvenot et Y. Droz, *Faire et défaire des affaires en famille,* Presses universitaires de Franche-Comté, Besançon, 2015.
112. *La Misère du monde, op. cit.,* p. 712.
113. Cf. E. Durkheim, «La famille conjugale» in *Fonctions sociales et institutions. Textes III,* Paris, Minuit, 1975.
114. C. Bessière et S. Gollac, *Le genre du capital, op.cit.,* p. 31.
115. M. Duras, *Outside* suivi de *Le Monde extérieur,* Paris, Gallimard, Folio, 1993, p. 577.
116. Cf. Harry de Sussex, *Le Suppléant,* Paris, Fayard, 2023.
117. J. Locke, *Deuxième traité du gouvernement. Essai sur l'origine, les limites et les fins véritables du gouvernement civil,* dans *Deux traités du gouvernement,* trad. B. Gilson, Paris, Vrin, 1997, p. 175.
118. «L'argent dans la famille : trésor ou poison?», Nicole et Bernard Prieur, propos recueillis par Isabelle Gravillon, *L'École des parents,* 2017/1 (n° 622), Erès.
119. F. Nietzsche, *Le Gai Savoir,* § 9, Paris, Gallimard, «Folio essai», p. 59.
120. M. Perrot, *Le temps des féminismes,* Paris, Grasset, 2023, p. 16-17.
121. L. Balavoine, *Ceux qui s'aiment se laissent partir,* Paris, Gallimard, 2022, p. 143.
122. S. Tisseron, *Tintin et les secrets de famille,* Paris, Aubier, 1992, p. 102.
123. *Ibid.,* p. 44.
124. *Ibid.,* p. 29.
125. S. Tisseron, *Les secrets de famille,* Paris, PUF, «Que sais-je?», 2011, p. 67.
126. É. Abécassis, *Un heureux événement,* Paris, Le Livre de Poche, 2005, p. 144.
127. A. Miller, *Notre corps ne ment jamais, op. cit.,* p. 104.
128. A. Miller, *Le drame de l'enfant doué, op. cit.,* p. 9.
129. Cf. P. Michon, *Vies minuscules,* Paris, Gallimard, 1984.
130. M. Nelson, *Les Argonautes,* Paris, Points, 2018, p. 36.
131. D. Haraway, *Manifeste des espèces compagnes,* trad. J. Hansen, Paris, Flammarion, 2018, p. 67.
132. *Ibid.*
133. *Ibid.,* p. 149.

TABLE DES MATIÈRES

Graphisme de couverture par Guillaume Jamet.

Correction par Laurence Godec.

Composition en Plantin
par Dominique Guillaumin, Paris.

Cet ouvrage a été imprimé sur du papier issu
de forêts gérées de manière responsable.

www.allary-editions.fr

ISBN : 978-2-37073-476-1

Achevé d'imprimer sur Roto-Page
par l'Imprimerie Floch à Mayenne
en décembre 2023

N° d'impression : 103767
Dépôt légal : octobre 2023
Imprimé en France